반려동물을 위한 스페셜 터치

Special Touch for Companion Animal

홍선화 · 김옥진 공저

동일출판사

머리말

'반려동물을 위한 스페셜 터치'는 반려동물인 개와 고양이의 건강 증진을 위한 마사지와 아로마를 병합한 요법을 체계적으로 설명하는 교재이다.

저자들은 기존에 '펫헬스테라피 (pet health therapy)' 교재를 출간하여 반려동물인 개와 고양이의 건강 증진을 위해 실시하는 펫아로마테라피, 펫푸드테라피, 펫마사지, 펫요가, 펫뮤직테라피, 펫하이드로테라피와 같은 요법들을 소개한 바 있다. 국내외적으로 반려동물의 건강 향상과 유지를 위하여 수의학적 치료와 관리 이외에 대체요법으로 다양한 펫헬스테라피가 개발되고 적용되고 있으며, 그 효과에 대한 과학적 연구도 진행하고 있다.

또한 저자들은 기존 수행하던 반려동물 아로마 요법과 반려동물 마사지 기법들의 노하우를 정리하고 미국 전문 기관의 연수와 자격과정 이수를 통한 해외 선진 기법들을 정리하여 국내 관련 학습자들에 도움을 주고자 본 교재를 집필하였다.

국내에서도 한국동물매개심리치료학회(www.kaaap.org)가 2008년 창립되어 국내 펫헬스테라피의 학술적 지원과 자격을 갖춘 반려동물아로마관리사, 반려동물관리사와 같은 전문가들을 양성하는 데 기여하고 있으며, 펫헬스테라피의 과학적 접근과 학술적 지원을 위하여 국내 유일의 동물매개심리치료학과를 2008년 원광대학교 보건보완의학대학원에 신설하여 펫헬스테라피의 효과에 대한 과학적 학술활동을 수행하고 있다.

그 동안의 학술활동을 통하여 습득한 펫헬스테라피의 놀라운 효과와 과학적 검증 결과들을 접하면서, 저자들은 반려동물 마사지와 아로마 요법을 병행한 스페셜 터치 요법을 보다 쉽게 이해하고 활동 가이드라인을 활용할 수 있도록 '반려동물을 위한 스페셜 터치' 소개와 개요를 이해할 수 있는 전문서를 계획한 바 있다.

본 교재는 반려동물 스페셜 터치에 대한 표준 용어를 제공하고 활동에 필요한 가이드라인을 제시하는 기본 지침서로 반려동물 건강 증진을 위한 스페셜 터치에 큰 도움을 줄 것으로 확신한다.

본 교재의 완성에 큰 도움을 주신 분으로 그 누구 보다 본 교재의 출판을 허락해 주시고 꼼꼼한 출간 작업으로 교재의 완성도를 높여주신 동일출판사 정창희 대표님에게 큰 감사를 드린다. 또한 본 교재의 완성을 위하여 인용 및 발췌를 허락하여 주신 여러 선배님들에게 또한 감사드린다.

본 교재가 반려동물 건강 증진에 큰 도움을 주는 '반려동물을 위한 스페셜 터치'에 대한 이해를 도모하고 관련 활동과 연구의 방향을 제시하여 줄 수 있으면 하는 바람으로 이 글을 맺을까 한다.

2018년 8월 저자 일동

목 차

1장 반려동물 마사지의 기본(Companion Animal)

2장 반려동물(Companion Animal)

3장 동물의 구조와 기능

4장 스페셜 터치 기본 손동작

5장 스페셜 터치 I

6장 스페셜 터치 II

7장 스페셜 터치를 위한 아로마 천연 제품

memo

01
Chapter

반려동물 마사지의 기본

Companion Animal

Ⅰ. 스페셜 터치의 기본
Ⅱ. 스페셜 터치의 다양한 효과

동물은 자신의 의사를 말로 표현할 수 없다.
그들은 도움을 요청할 수도 없다.
그들은 자유를 요청할 수도 없다.
그들은 자신들을 보호해 달라고 말할 수도 없다.
따라서, 인간이 이들을 대변해줘야 한다.
– A.D Williams

I 스페셜 터치의 기본

학습목표 instructional objectives

1. 스페셜 터치를 하기 전 마음가짐과 명심해야 할 부분을 알아본다.
2. 반려동물을 위한 스포츠 마사지의 창시자에 대해 알아본다.
3. 스페셜 터치와 일반 물리치료의 차이점에 대해 알아본다.

1. 반려 동물(companion animal)을 위한 Special Touch를 시작하기 전 마음가짐

1. 반려동물 헬스케어에서 제공하는 Special Touch에 관련된 모든 정보는 고급 자료를 기반으로 한 정보 제공이자, 저자의 개인 노하우 전수로, 이 책을 읽는 독자 역시도, 늘 이 분야의 최상의 지식인이 될 수 있도록 노력해야한다.

2. 이 책을 읽는 독자 역시도 반려동물(개) 마사지 전문가가 될 수 있도록, 끊임없이 수련하는 마음가짐이 필요하다.

3. 반려동물(개) 마사지에 대한 유익한 정보 및 반대의견, 개인의 생각 등이 있을 경우 주저하지 않고 의사를 표현하는 마음가짐이 필요하다.

4. 이 책은 반려동물(개) 마사지를 하는데 있어서 정보 제공의 지침서일 뿐이지, 독자 개인이 절대 반려동물 헬스케어에 관한 개인 상호를 사용해서는 안된다.

5. 이 책은 반려동물(개) 마사지를 하는데 있어서 정보 제공의 기본서 일 뿐이지, 수료증 및 자격증이 발급되는 부분은 아니다.

6. 이 책을 읽는 독자는 본 책을 반려동물(개) 마사지에 유익한 책으로 홍보 및 권장하는 행위는 허용되나, 독자 개인이 절대 반려동물 헬스케어에 소속된 사람처럼 행동해서는 안된다.

7. 이 책을 읽는 독자는 전문 의료 과정을 이수한 사람이 아니라면, 절대 수의사와 같은 진단 및 의료 행위를 해서는 안된다.

8. 이 책을 읽는 독자는 반려동물(개) 마사지를 실행하면서 발생될 수 있는 여러 가지 위험 요소를 충분히 인지하고 대비해야 한다.

9. 이 책을 읽는 독자는 마사지 중 반려동물(개)에게 일어날 수 있는 여러 가지 부상에 대해 전적으로 책임을 가지고 있으며, 이 책의 저자 및 반려동물 헬스케어에서는 어떠한 책임도 없다는 걸 인지하고 있어야 한다.

10. 이 책을 읽는 독자는 마사지 중 독자 자신에게 일어날 수 있는 여러 가지 부상에 대해 전적으로 책임을 가지고 있으며, 이 책의 저자 및 반려동물 헬스케어에서는 어떠한 책임도 없다는 걸 인지하고 있어야 한다.

2. Special Touch를 할 때의 늘 명심해야 되는 부분! 마음가짐

1. 함부로 진단하거나, 처방하지 않겠다.
2. 반려동물 스스로가 보이는 요구사항 및 견주의 의견을 존중하겠다.
3. 반려동물 복지 향상에 노력하는, 각기 다른 전문가들의 노력과 헌신에 존중하고 존경하겠다.
4. 반려동물 복지 향상에 노력하는, 각기 다른 전문가들의 훈련 방식 및 사상을 존중하며, 긍정적인 마음으로 수용하는 태도를 갖겠다.
5. Special Touch에 대해 보이는 반려동물의 각기 다른 반응을 존중하겠다.
6. 반려동물이 어느 부분에 어떤 마사지를 받고 싶은지 선택 할 수 있도록 선택권을 주겠다.
7. Special Touch를 실행하기 전·후 동안에 끊임없이 정보를 공유하겠다. 정보 공유란, 마사지의 효과 및 주의 사항 등을 의미한다.

8. 반려동물은 단순히 동물이 아니라, 때론 내 스승이자 소중한 고객이라는 생각으로 대하겠다.

9. Special Touch에 대한 기술 및 내용을 끊임없이 연마하여, 스스로의 전문성을 높이고, 이 분야 최고의 전문가가 되겠다는 마음가짐을 갖겠다.

10. 자기 자신이 수의사와 동물 건강 복지 공동체를 이어주는 사명감을 가지고 있다는 생각을 가지고 행동하며, 동물의 건강과 복지 향상을 위해 끊임없이 노력하겠다.

3. 스페셜 터치의 창시자

이 책에서 가장 중점적으로 다루는 부분은 반려견에게 행하는 터치가 중점이라고 볼 수 있다. 인간의 몸을 마사지하는 것과 같게, 반려동물의 신체 구조에 알맞게 접근할 수 있도록 동작 하나하나에 신경 써야 한다.

▌그림▐ Jack Meagher은 United States Equestrian Team 및 National Football League 운동선수들을 위한 물리 치료 전문가로 활동했다.

[출처] http://www.sportsmassageinc.com/About-Jack-Meagher.htm
http://www.svb-sportmassage.nl/jack-meagher/)

미국, 스포츠 마사지의 "아버지"는 Jack Meagher이다. 1950년 중반, 그는 massage therapy 분야의 선두 주자였으며, 자신만의 이론과 경험을 바탕으로 새로운 용어인 "sports-massage"를 만들어 냈다. "sports-massage"라는 큰 틀을 기반으로, 그 하위 부분에 해부학, 생리학, 근육 운동 등 다양한 기본 이론을 적절히 조합하였다. 그만의 독특한 방식이 Meagher Method라고 알려져 있다.

4. 스페셜 터치와 물리 치료

(1) 스페셜 터치(Special Touch Therapy)

- **치료 부분** : 전체적인 부분(whole body care)
- **중점 포인트** : 어느 부분에서 왜 문제가 발생 했는가?
- **치료 시기** : 다치기 전, 다치기 후
- **비유 ①** : 전체 차 점검, 전체 차를 검진하는 엔지니어 전문가
- **예시 ①** : 브레이크에 문제 발생 시, 브레이크와 연결된 다른 부품 점검 및 수리
- 골반 부분에 통증을 호소하는 반려동물에게 적용
  ① 엉덩이 부분에서 발생한 신체문제 → 등 쪽에 제대로 힘을 줄 수 없게 됨 → 자유롭게 움직이는데 제한이 생김 → 반려견은 자신의 고통을 덜기 위해 상체 부분에 좀 더 의지하게 됨 → 어깨 부분에 과도한 작업량 → 피로 축적 → 목 부분까지 문제 발생
- 치료방법
  ① 전체적인 마사지 적용(whole body care)
    ㉠ 1차 마사지(엉덩이- 문제가 발생한 지점)
    ㉡ 2차 마사지(주변 부분 - 엉덩이를 시작으로 고통이 유발된 하체 부분)
    ㉢ 3차 마사지(상체 부분 - 어깨, 목, 머리 부분 등)

(2) 물리 치료 (Physical Therapy)

- 치료 부분: 특정 부분 (specific part care)
- 중점 포인트: 문제가 발생된 특정 부위
- 치료 시기: 다친 후
- 비유 ① : 특정 부품만 교환, 특정 부위만 수리하는 정비사
- 예시 ① : 브레이크에 문제 발생 시, 차 브레이크만 수리
- 골반 부분에 통증을 호소하는 반려동물에게 적용
  ① 견주 소견에 따라 엉덩이 부분 쪽만 문제가 있다는 것으로 간주
- 치료방법
  ① 부분적 마사지 care, 엉덩이 마사지

▌그림▐ 다리 부상 후 꾸준한 재활치료를 받고 있는 개

[출처] www.shutterstock.com/ko: www.shutterstock.com/ko:

5. 스페셜 터치를 할 때 생각해봐야 할 문제

1. Special Touch therapy를 할 때 "좋은 것(good things)"이 있어야 한다."좋음"에 기여할 수 있는 요소는 무엇일까?
   - Special Touch를 하는 동안, 견주가 행복함을 느끼는 것
   - Special Touch를 하는 동안, 반려견이 행복함을 느끼는 것
   - Special Touch가 반려견의 혈액순환을 증진시켜 주는 것

2. Special Touch therapy를 할 때 "안정성(safety)"을 늘 고려해야 한다. "안정성"에 기여할 수 있는 요소는 무엇일까?
   - Special Touch를 하기 전, 반려견의 컨디션을 확인하기
   - Special Touch를 하는 동안, 반려견의 반응을 수시로 확인하기
   - Special Touch 방법을 제대로 숙지하고 실행하는 지 살펴보기

3. Special Touch therapy를 할 때 "오랜 지속성(last)"이 늘 수반되어야 한다. "지속성"에 기여할 수 있는 요소는 무엇일까?
   - Special Touch를 주기적으로 일정 시간 반복해서 하기
   - Special Touch를 통해, 반려견의 몸 상태에 어떤 긍정적인 변화가 있는지 살펴보기
   - Special Touch를 통해, 반려견의 몸 상태에 어떤 부정적인 변화가 있는지 살펴본 뒤 개선하기

II 스페셜 터치의 다양한 효과

학습목표 instructional objectives

1. 스페셜 터치의 보편적인 효과에 대해서 알아본다.
2. 스페셜 터치의 생리학적 효과에 대해 알아본다.
3. 스페셜 터치를 하면 안되는 경우를 생각해본다.

1. 반려견을 위한 Special Touch Therapy의 보편적인 효과

1. Special Touch를 통해 당신과 당신의 반려동물 사이에 유대감을 향상시킬 수 있다. 단순히 만져주기만 한다면 친구가 될 수 있지만, Special Touch를 해주면 평생의 동반자가 될 수 있다.

2. 주기적인 Special Touch를 통해, 당신의 개가 가족 구성원의 일부로 좀 더 빨리 소속되어지고, 당신의 가족 구성원 역시도 이를 인지할 수 있게 된다.

3. Special Touch는 당신의 반려동물(개)에게 집중 할 수 있는 새로운 방법으로, 반려동물은 늘 당신의 관심을 필요로 하고 원한다. 이에, 마사지는 개들의 욕구를 충족시켜 줄 수 있는 훌륭한 방법이라고 볼 수 있다. 특히나, 이는 오랜 시간 밖에서 일해서 외출시간이 길거나, 오랜 기간 부재를 한 사람이라면 더욱더 중요한 부분이다.

4. Special Touch는 당신의 반려동물에게 애정을 표현하는 하나의 방법이다. 귀엽고 비싼 목줄, 밥그릇 대신 Special Touch를 해줄 필요가 있다. 당신의 반려동물은 늘 당신에게 관심과 애정을 달라고 할 수도 있다. 이에, 견주분이 행하는 Special Touch가 최고의 방법이라고 볼 수 있다.

5. 만약, 반려동물이 털이 많이 있는 상태라면, 육안보다는 Special Touch를 통해, 반려동물의 건강 상태 변화를 더 빨리 감지할 수 있다.

6. 단순히 만지는 것이 아니라, 체계적으로 부드럽게 Special Touch를 해준다면, 당신의 반려동물이 다른 사람의 접촉에 좀 더 수용적인 태도가 될 수 있게 해준다. 또한, 주기적인 마사지를 통해, 당신의 반려동물 역시 접촉에 대한 거부감이 없어질 것이다. 더 나아가, 수의사 진료는 좀 더 수월하게 될 것이다. 당신의 반려동물 역시도 의사의 접촉을 덜 무서워하게 될 것이다. Special Touch를 통해, 모두가 편안해 질 수 있다.

7. 주기적인 마사지를 통해, 당신의 반려동물 역시 접촉에 대한 거부감이 없어질 것이다. 즉, 생리적으로 보면, Special Touch는 몸 안에 혈액 순환을 촉진시켜, 노폐물을 빠르게 제거하고, 제거된 노폐물 자리에, 좋은 영양분이 찰 수 있게 해준다.

8. 당신의 접촉이 좀 더 창조적일 수 있게 도와주는 매개체이다. 당신의 반려 동물 역시, 새로운 촉감(tactile)에 기분이 좋아진다.

9. 접촉(touch)의 효과는 생각보다 크다. 사랑을 전달하고, 신뢰를 쌓고, 관계를 돈독하게 만든다.

10. 당신의 반려동물 역시도 Special Touch를 원하고 있을 것이다. 일단, Special Touch 기술을 습득하고 나면, 당신의 반려동물은 더이상 무분별하고 의미 없는 만지기 행위에 만족 하지 않을 것이다. 견주 역시도 같은 마음을 갖게 될 것이다. 늘 똑같은 마사지 방법만을 실행하는 것이 아니라, 마사지 방법에 변화를 줌으로써, 당신과 당신의 반려동물은 쉽게 지루해지지 않는다.

2. 반려견을 위한 Special Touch Therapy의 생리학적 효과

(1) 혈액 순환(increase in circulation)을 증가

체계적인 Special Touch를 통해서 반려동물의 혈액 순환 증진 및 노폐물 제거에 효과를 기대해 볼 수 있다.

피로(fatigue)는 에너지원 고갈과 관계가 있다고 볼 수 있다. 근수축(mucle contraction)에 이용되는 에너지 자원은 adenosine triphosphate(트리포스페이트, ATP)이다. ATP는 산소(oxygen)와 음식으로부터 섭취되는 포도당(glucose)으로 구성된다.

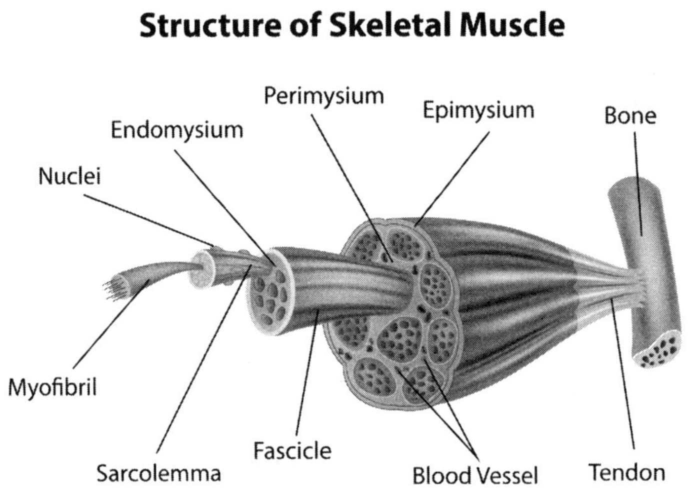

▌그림▐ 근육 섬유소, 근원섬유, 근초에 대한 그림예시

[출처] www.shutterstock.com/ko: www.shutterstock.com/ko:

용어해설

- ATP : Adenosine Energy P1 Energy P1 Energy P1
- **근육 섬유소(muscle fiber)** : 마치, 삶기 전 스파게티 면 한 덩어리를 잡은 것과 같다고 생각해 보자. 근육 섬유소는 수천 개의 근원섬유(myofibrils)로 이루어져 있다.
- **근초(Sarcolemma)** : 근 섬유를 싸고 있는 엷은 막이라고 생각하면 된다.

산소는 혈액 순환을 통해 몸 전체 근육에 도달하게 된다. 만약, 근육에 산소 공급이 잠시나마 중단 된다면(cut off), ATP의 부족으로 인해 근수축 능력을 잃게 될 수도 있다. ATP가 세포에서 에너지를 운반하는 유일한 분자라고 볼 수는 없지만, ATP의 양이 세포 내에 충분하지 못하면 세포는 생명을 유지할 수 없다.

순환이 제대로 이루어지지 않으면, 몸 전체는 **해당 작용**(glycolysis)을 겪게된다. 해당 작용이란, 글리코겐이 젖산으로 분해되는 작용으로, 젖산은 피로 축적과 관련이 있다. 이런 **해당작용**(glycolysis) 과정에서, **피루부산**(pyruvic acid)이 발달되어 지고, 산소가 부족해진 곳을 대신하며, ATP를 생성해 낸다.

이런 과정이 반복되다보면, 부산물이 쌓이게 되고, 이런 부산물은 **젖산**(lactic acid)이 생성이 된다.

젖산은 몸 전체에 피로(fatigue)를 쌓이게 하고, 신체의 정상 기능(function)을 방해한다.

산소 공급이 제대로 이루어져있는 상태에서는 젖산도 피루부산도 존재하지 않는다. 산소 공급 수치가 제대로 돌아오면, 젖산은 피루부산으로 전환되고, 후에는 ATP와 glucose가 된다. 이로 인해, 모든 기능이 정상화 될 수 있다.

- 단시간 내에 이루어진 고강도의 운동으로 인해 반려견 근육에 무리를 준다면, 이는 원활한 산소 흐름을 방해하고, 노폐물 제거에도 악영향을 줄 수 있다. 결과적으로 본다면, 반려동물의 전체적인 건강에 불균형을 초래할 수 있다.

▌그림▐ 고강도의 운동을 하는 개

[출처] www.shutterstock.com/ko: www.shutterstock.com/ko:

(2) 젖산과 같은 독성을 제거해준다.

피로의 축적 원인중 하나는, 젖산(lactic acid)의 축적 때문이다. 젖산이 짧은 시간에 이루어진, 강도 높은 운동 중에 축적되어 이는 피로를 발생시킨다. 따라서 Special Touch를 통해 젖산 축적이 덜 이루어 질 수 있도록 해준다.

(3) 근긴장의 향상을 증진시킨다.

(4) Special Touch는 근육을 적절한 길이만큼 늘리고 회복시켜, 활동성을 증진시킬 수 있게 해준다.

(5) 결합조직을 한다.

예) 인대(ligament), 힘줄(tendon), 근육(muscle), 물렁뼈 및 연골(cartilage)을 늘리는 역할을 한다. 결합조직은 마치 연결 “다리”와 같은 역할을 한다고 볼 수 있다. 한 구조물에서 한 구조물을 잇는 다리의 역할이라고 보면 될 것 같다

(6) 윤활액의 생산을 높여, 근육의 붓기(swelling in joints) 및 염증 감소(reduction of inflammation)를 돕는다.

용어해설

- 젖산 : 음료에 신맛을 더하는 산미제 및 주류의 발효 초기 부패 방지제
- 근긴장(muscle tone) : 근육이 수축상태를 유지하는 것. 에너지를 적게 필요하고, 쉽게 피로해지지 않는 특성을 지님
- 결합조직(connective tissue) : 여러 가지 조직 및 기간을 연결하는 역할
- 윤활액(synovial fluid) : 관절 충격 완화 및 마찰 경감을 돕는 역할

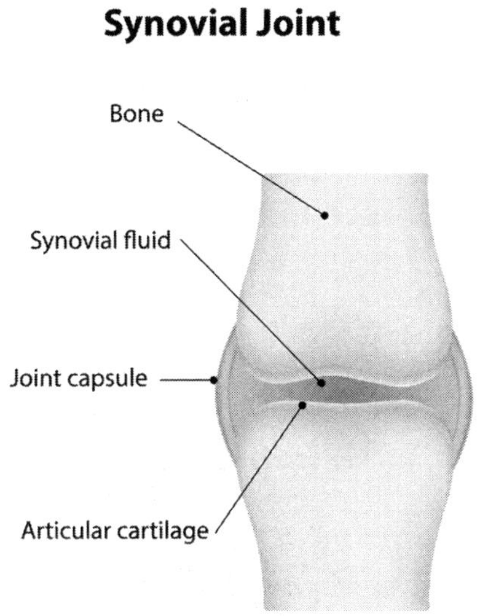

▌그림▌ Synovial fluid = 윤활액

[출처] www.shutterstock.com/ko: www.shutterstock.com/ko:

(7) Special Touch를 통해 고통 및 통증을 줄이고, 기분을 좋게 하는 엔돌핀을 방출한다.

(8) 전체적인 치료 효과를 돕는다.(assist healing)

악성 종양과 같은 고위험군의 질병이 아닌 경우를 의미한다. 반려동물이 최근 환경 변화로 인해 겪는 심리적인 불안정(우울증, 고립감, 외로움 및), 트라우마(폭력, 폭언 등) 또는 사고 및 폭력 등으로 인한 신체적인 부상 등을 가지고 있는 경우에, 마사지를 통해 치료 교감(connection, communion)을 높여, 정서적으로 신체적으로 치료 효과를 높일 수 있다.

(9) 정상적인 세포 발달을 돕는다.

주의! 암 진단을 받은 반려동물을 마사지 할 경우, 정상 세포뿐만 아니라 암 세포 역시도 세포 발달을 도울 가능성이 있다. 암 진단을 받고, 치료 기간 동안에는 마사지를 하지 않는 것이 좋다. 또한, 암이 완치되었다고 해도, 담당 수의사와 충분히 상담을 한 뒤, 마사지를 도입 여부를 결정하는 것이 좋다.

암 세포의 진행 과정!

정상적인 세포가(Normal cell) 유전적인 변화(Genetic change)로 인해, 암 세포(Cancel Cell)가 되고, 세포 증식(doubling)을 통해, 상당한 양의 악성 암세포 종양(Malignant Cancer)이 된다.

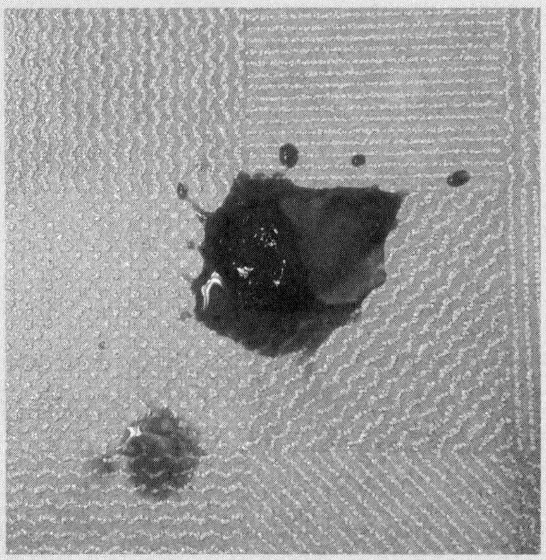

▌그림▐ 유방암에 걸린 강아지, 종양을 떼어낸 부분

[출처] www.shutterstock.com/ko: www.shutterstock.com/ko:

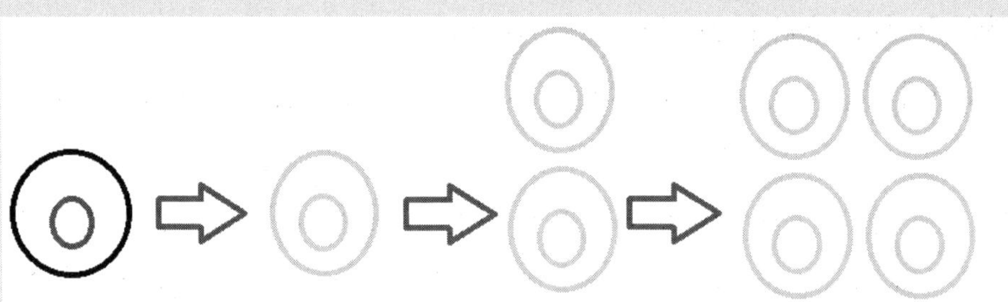

(일반 세포) (Normal cell) → (암세포) (Cancel Cell) → (증식) (doubling) → (암세포 번식) (Malignant Cancer)

Proper treatments depend upon proper diagnosis
전문 의료진의 정확한 진단 다음에 적절한 치료가 필요하다.
– ck Meagher –

(10) 좋은 성향(tendency)을 가질 수 있게 해준다.

Special Touch에 익숙한 반려동물(개)은 다른 사람의 접촉에도 순응적이고, 공격성이 덜 하다. 장기간 계획을 도입한다고 생각하시고, 시간을 가지고 차분한 마음으로 우리 반려동물도 좋은 성견이 될 수 있도록 Special Touch를 해주는 것이 좋다.

▌그림▐ 주인과 교감하는 반려견

[출처] www.shutterstock.com/ko: www.shutterstock.com/ko:

3. Special Touch를 하면 안 되는 경우

(1) 열이 나거나, 쇼크 상태 일 때

반려견이 계절적인 변화 및 환경적인 요인 등으로 스트레스를 받았다면 열이 나거나 극심한 신체 변화가 있을 수 있다. 이럴 때는, 수의사 진료를 받은 뒤, 반려견이 충분한 휴식을 취하게 해주는 것이 좋다.

▮그림▮ 극심한 고열, 회복 중인 반려견

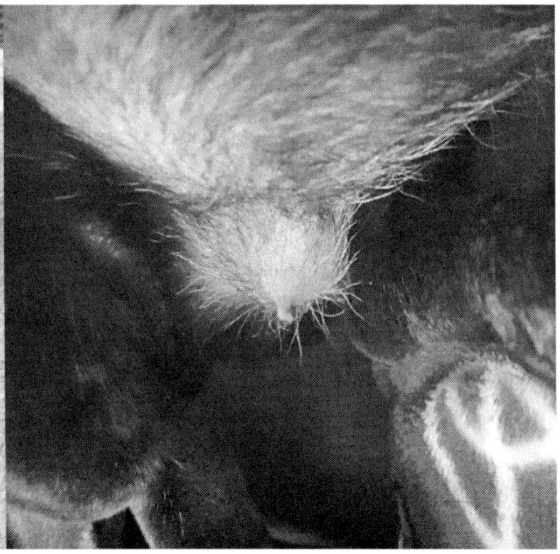

▮그림▮ 유방쪽에 몽우리가 생긴 상태

[출처] 요블리, 문현민

(2) 병으로 의심되는 혹이나 덩어리가 잡힐 때

가벼운 혹일 수도 있지만, 심각한 종양(tumor)일 수도 있으니, 수의사 진료를 먼저 받아봐야 한다.

(3) 다리 부상이나, 접지름, 부러짐 등이 있을 때

신체 부상이 있는 경우에는 마사지를 하면 안 된다.

▮그림▮ 뒷다리 수술후 회복 중인 반려견

[출처] 요블리

(4) 반려견의 기분이 별로 일 때

컨디션이 안 좋거나, 스트레스를 받은 상태(ex. 미용 후)에서는 마사지를 도입하지 않는 것이 좋다.

memo

02
Chapter

반려동물
Companion Animal

가축화된 동물이 사람의 식량자원이 아닌 사육하는 주인에 즐거움과 교감을 주는 목적으로 사육되는 동물을 애완동물(pet animal)이라 한다. 반려동물 (companion animal)이란 사람과 함께 더불어 살아가는 동물을 말한다. 반려동물은 주로 개와 고양이가 선호된다. 인류와의 만남이 인류 역사와 거의 함께한다고 할 만큼 인간과 반려동물로서 개와 고양이의 만남은 오랜 역사를 가지고 있다. 사춘기 시기의 아이들에게 반려동물은 가족의 사랑을 대체할 수 있는 정신적 사랑의 대상이다. 반려동물은 노인들의 삶에 사회적, 심리, 정서적, 신체적 긍정적 효과를 제공한다. 반려동물은 사람들 사이에서 유대 관계의 형성과 발전을 촉진하는 역할을 하며 노후생활에서 사회성 증진에 많은 영향을 준다.

I 애완동물과 반려동물

학습목표 instructional objectives

1. 애완동물과 반려동물의 차이점을 알 수 있다.
2. 인간과 반려동물의 관계에 대해 알 수 있다.

1. 애완동물과 반려동물의 차이

(1) 애완동물

애완동물은 사육의 목적이 일반적인 축산동물과 같이 고기나 우유 또는 알의 제공과 같은 동물성 식량자원으로서가 아니라 키우는 과정에서의 즐거움과 상호반응에 의한 교감 등의 이유로 사육된다. 애완동물이란 인간이 즐거움과 보람을 얻기 위해 기르는 동물이다. 물론 이때 둘 사이의 관계는 상호 공생적이어서 인간이 애정을 기울이는 것만큼 동물 또한 인간에게 여러 가지 만족감을 준다. 인류가 동물을 사냥의 대상이 아니라 사육하여 식량자원을 비축하고자 시작한 것이 축산의 역사라 할 수 있다. 사람에 의해 가축화된 최초의 동물은 개라 할 수 있다. 학자에 따라 차이는 있으나 개와 사람의 만남은 기원전 14,000년 전, 구석기 시대부터인 것으로 알려져 있다. 그 이후 가축화된 동물 중 고양이와 같은 동물 또한 식량자원으로서의 의미가 아니라 사람에 즐거움과 교감을 주는 목적으로 주로 사육된다. 이와 같이 **가축화된 동물이 사람의 식량자원이 아닌 사육하는 주인에 즐거움과 교감을 주는 목적으로 사육되는 동물을 애완동물**(pet animal)이라 한다. 애완동물은 주로 개와 고양이가 있으나, 사람에 따라서 새, 물고기, 햄스터, 기니피그, 토끼, 이구아나, 거북이, 뱀 등을 키우는 사람들도 있다.

1) 애완동물의 역사

애완동물의 역사는 인간이 동물을 길들이는 것과 함께 시작되었다. 고대인들은 사로잡은 어린 야생 동물을 길들여 함께 데리고 다녔는데, 세월이 지나면서 끊임없는 훈련을 통해 인간과의 관계는 꾸준히 향상되었다. 오늘날 대표적인 애완동물이 된 개의 조상은 늑대였다. 선사시대 주거지나 무덤에서 발굴되는 그림과 조각품을 통해 보면 개는 구석기시대 이미 가축화가 되었으며 약 50만 년 전부터 늑대를 길들이려 노력했던 것으로 알려져 있다. 인간과 어떤 면에서 먹이사슬 안의 경쟁자였던 늑대를 이용하여 먹이를 찾고 추적하는 능력을 효과적으로 이용하였다.

어떠한 이유에서 처음에 늑대를 야생에서 데려왔는지 확실치 않지만 사람과 지내기 적합한 늑대를 고르고 개량하던 것이 아마도 현재의 개를 만들어 내게 된 기원이라고 믿어진다. 개에게 실용적인 역할이 주어지는 것과 달리, 반려자로서의 역할도 생각할 수 있게 하는 여러 가지 증거가 있는데, 북 이스라엘에서는 개와 사람이 같이 묻혀있는 구석기시대 묘지가 발견되었으며, 개와 주인간의 친밀한 유대 관계를 강조라도 하듯, 죽은 사람의 손이 개의 어깨 위에 올려져 있었다.

메소포타미아나 고대 이집트의 그림에서도 길들여진 애완동물이 그려져 있다. 특히 고대 이집트인들이 남긴 고 왕국시대의 벽화를 보면 개, 고양이 , 기러기, 사자 등이 인간과 특별한 관계인 것으로 묘사되어 있다. 이집트 사람들은 5천년 전부터 종교적 목적으로 고양이를 사원에 두었으며 3천년 전부터는 고양이를 기르는 것이 일반화되었다고 한다. 이는 인간과 가장 친밀했던 동물이었음을 의미한다. 말은 고대 문명에서 소보다 늦게 출연하여 종교적인 상징을 가질 수는 없었지만 역시 일찍이 인간에게 길들여져 야성을 버리고 주요한 운반수단이 되었다.

우리나라에서도 여러 설화에서 인간과 동물이 아주 가까운 관계인 것으로 묘사되어 있다. 단군 신화에도 곰과 호랑이가 등장하며, 가야국의 설화에 나오는 구지가를 보면 거북은 신성한 인물의 출현을 알리는 역할을 한다. 또 목숨을 던져 주인을 구한 오수의 개 이야기는 두말 할 것도 없이 인간과 동물의 긴밀한 관계를 보여주는 것이다.

물론 인간이 동물을 키우는 것은 친밀감 이외에도 실제적인 목적 때문이기도 하다. 개나 사자, 고양이, 매 등은 인간을 위한 사냥을 돕는 역할을 하였으며 개나 거위 등은 예민한 후각과 청각을 이용하여 인간을 보호하는 책임을 다하였다. 그리고 기니피그 등은 식량이 부족할 때 식용으로 이용되었다.

생활에 여유가 생기면서 사람들은 실용적인 목적이 아닌 취미로 동물을 기르기 시작하였는데 개, 고양이, 앵무새를 비롯한 새 종류, 물고기류는 대표적인 애완동물이다. 그밖에도 유리로 된 동물 사육장에서 기르는 개구리, 거북, 도마뱀, 두꺼비, 뱀 등의 파충류와 양서류가 있다. 실내외의 우리에서 기를 수 있는 애완동물로는 기니피그, 생쥐, 쥐, 토끼, 햄스터, 황무지 쥐 등이 있다.

물고기류는 모양이 화려한 열대어와 민물고기도 많다. 그래서 물고기를 잡고, 기르고, 공급하는 애완동물 산업이 성행하고 있다.

애완동물은 또한 개인적인 표현의 창구로 이용되기도 한다. 즉 기르고 있는 동물이 그 사람들의 개성을 반영한다. 예를 들면 사나운 개를 기르는 것은 사회에 대한 적대감의 표현이라 볼 수 있으며 진기하거나 위험한 동물을 키우는 것은 자신의 지위를 나타내거나 그런 동물처럼 독립적이고 특별하다는 것을 나타낸다고 할 수도 있다. 현대인들에게는 동물은 가족과 같은 존재이다. 그러므로 마음내키는 대로 키우다 말다 할 수 없다. 동물을 기르려면 동물의 서식 환경, 먹이, 질병 등에 대해 잘 알아야 한다. 많은 사람들이 충분한 준비 없이 시작하기 때문에 간혹 동물을 병들게 하거나 죽게 하고 있다.

동물을 한 가족과 같이 생각하는 것은 그만큼 애완동물이 인간에게 큰 의미를 갖는다는 말도 된다. 애완동물의 소유를 통해 인간들은 심리적, 육체적인 건강을 증진시키며 사회적 감정적 욕구를 충족시키듯 한다. 애완동물의 소유에 따른 경제적 부담이 생겨남에도 불구하고 많은 사람들이 애완동물을 키운다는 것은, 애완동물과 인간과의 관계는 금전적으로 계산할 수 없는 어떤 도움을 주는 관계, 즉 서로 사랑과 애정을 나누는 특별한 관계를 나타내는 것이라 할 수 있겠다. 동물은 인간이 보살피는 정성만큼 주인에게 애정과 즐거움을 주는 관계라 할 수 있겠다.

(2) 반려동물

애완동물(pet animal)은 앞서 설명한데로 사육하는 주인에 즐거움과 교감을 주는 목적으로 사육되는 동물을 말한다. 애완이라는 용어는 장난감과 같이 주인에 소유된 물건의 개념이 강하게 포함되어 있다. 우리는 어린 시절 가지고 싶어 했던 값비싼 장남감이 싫증이 나거나 새로 산 친구 것 보다 조잡하여 마음이 상해 버리거나 창고에 던져 버린 경험이 누구나 한 번쯤 있을 것이다. 장남감과 같이 애완동물의 의미에는 주인의 의지에 의해서 버려지거나 죽을 수도 있다는 소유의 개념이 들어있다. 오늘날 애완동물이라는 용어는 점차 반려동물로 바꾸어 부르고 있다.

반려동물(companion animal)이란 **사람과 함께 더불어 살아가는 동물**을 말한다. 다만 애완동물이라고 하여 인간이 일반적으로 즐기거나 사랑하는 관계에서 벗어나 때로는 인간에게 협력하여 그의 능력이나 행동이 인간을 위해서 쓸모가 있을 것으로 기대된다. 사람과 반려동물은 일방통행이 아니라 서로가 도움을 주는 왕복의 관계이기에 human animal bond라고 생각하는 관련을 중요시하는 것이다. 즉 bond는 얽음이란 뜻도 된다. 이러한 개념은 나라, 문화, 생활 기타 많은 요인에 따라 다를 수 있다. 예를 들면 서양에서는 말(馬)도 반려동물 이다. 여담이지만 우리나라 에서도 말을 경마 산업으로만 취급하지 않고 말과 시민생활과 묶어 보다 큰 뜻을 이루도록 하는 노력도 필요하다.

(3) 반려동물의 종류

반려동물은 주로 개와 고양이가 많이 사육된다. 인류와의 만남이 인류 역사와 거의 함께한다고 할 만큼 인간과 반려동물로서 개와 고양이의 만남은 오랜 역사를 가지고 있다. 반려동물로서 개와 고양이가 주로 사육되는 이유는 개와 고양이가 사람의 생활과 서로 마찰 없이 잘 지낼 수 있는 성격과 생리적 특성을 가지고 있으며, 사육하는 사람의 마음을 잘 읽고 반응과 표현을 빠르게 할 수 있다는 점이 다른 어느 동물 보다 개와 고양이를 반려동물로서 선택하는 이유가 될 것으로 생각된다. 또한 사람과의 동행의 역사가 긴 만큼 개와 고양이의 사육 방법이나 질병에 대한 연구가 잘되어있어 사육하는 사람들이 편리하며, 인수공통감염병의 위험에서도 벗어날 수 있다. 번식력 또한 적정하여 원하는 사람들이 용이하게 어린 개체를 입양할 수 있고, 수명이 15년 정도이기 때문에 죽음에 의한 너무 빠른 이별을 사육하는 주인이 경험하지 않는다는 점도 장점이다. 예를 들어 햄스터의 경우에 개와 고양이 보다 사육하는 주인과 교감이 적고 반응이나 표현도 낮다. 또한 햄스터의 수명은 2년이기 때문에 사육하면서 정들었던 주인이 죽음을 받아들이기에 너무 빠르다. 거기에 햄스터의 질병이 잘 연구되어 있지 않으며, 사람에 오는 인수공통감염병을 예방할 수 있는 적절한 방법도 상품화되어있지 않다.

반려동물의 종류는 앞서 설명한 강점에도 불구하고 반드시 개와 고양이로 한정되는 것은 아니다. 사람에 따라서 승마를 즐기는 사람은 말이 반려동물일 수도 있고, 돼지를 애완동물로 사육하면서 반려동물로 받아들이는 사람도 있다. 반려동물의 종류는 특정 종에 제한된 것이 아니라 사육하는 사람과 정서 속에 강한 유대감을 상호반응으로 갖으며 동반감을 가지고 있는 관계에 해당되면 종에 상관없이 반려동물이라 할 수 있다.

2. 인간과 반려동물의 관계

(1) 인간과 반려동물

인간에게 있어서 반려동물의 의미는 일상생활을 함에 있어서 애착과 책임감을 갖게 하며 불확실한 미래에 대한 불안감에서 벗어나는 탈출구를 제공하기도 한다. 현재 눈앞의 귀여운 반려동물과 함께하는 이 시간의 즐거움은 현재의 중요성을 더욱 느끼게 해주기 때문이다. 반려동물은 무조건적 사랑과 무조건적 수용태도를 갖추고 있어 인간에게 깊은 애정과 변함없는 충성심을 제공하고 있기 때문에 인간에게 있어서는 기댈 수 있는 정신적 고향이며 폭풍 속에 안주할 수 있는 항구와 같은 존재이다.

미국에서 반려동물의 사육이유를 조사한 결과에 의하면 생활의 동반자(71%), 사랑과 애정의 대상(53%), 취미생활(39%), 경비 및 보호용(36%) 등의 목적 순으로 다양한 혜택을 인간에게 제공하고 있음을 알 수 있다. 특히 여러 애완동물 중 애견의 사육이 이러한 다양한 요구를 가장 잘 충족시키는 것으로 집계되었다.

반려동물의 가장 큰 장점은 그들의 **대체성**과 **지속성**에 있다고 할 수 있다. 반려동물은 결혼을 해서 주인을 쓸쓸히 혼자 남겨두거나 혹은 새로운 주인을 섬기거나 하는 일이 없기 때문에 그들이 죽음에 이르기 전까지는 언제나 충성스럽게 주인을 섬길 것이다. 이러한 애완동물에 대한 소유감은 인간의 신체적, 정신적 영역에 긍정적 영향을 줄뿐 아니라, 인간의 사회성에도 큰 영향을 미치는 것으로 알려져 있다.

미국의 500대 기업인들 중에서 95%의 기업인이 강아지나 고양이를 키워본 경험이 있으며 75% 기업인이 현재도 키우고 있다고 한다. 이러한 수치는 1983년 당시 전국 가구 수의 반려동물 보유평균인 53%보다 훨씬 높은 수치이며 이러한 반려동물을 통한 경험이 그들을 성공으로 이끄는 필수적 요소였던 열정, 감정, 훈련 그리고 책임감 같은 특성을 개발하는 데에 크게 기여하였다.

(2) 인간이 동물을 사랑하는 이유

동물은 인류가 생존하고 있는 자연환경의 일부이기 때문에 중요한 의미를 갖고 있다. 동물은 꿈과 환상 속에 존재하는 고대원시 인류의 모습이다. 인류와 동물의 유대는 제한된 도시로부터 인류를 좀 더 자유롭고 심오한 자연의 세계로 향하게 한다.

문명화 된 사회생활에서의 고통 받는 영혼을 치료하여 자연의 일부분으로 귀향하게 만드는 매개체인 것이다. 심리학자 프로이드는 사회의 성인들보다는 어린이들이 동물에 대한 동질감을 더 많이 느끼며 곧 친숙해질 수 있다고 말한다.

야생동물을 길들이고 사회화 시키는 것은 우리의 본성을 유지하면서 문화의 평형을 유지하고 좀 더 인간답게 살기위한 인류의 자연스런 의지인 것이다.

반려동물이 사람을 대신할 수 있는 것은 아니다. 하지만 사회관계의 결핍이나 제한된 인간관계를 맺고 있는 개개인에게 애정과 동료애 그리고 건강한 생활을 위한 활력소를 제공할 수 있다. 동물을 사랑하는 것은 사람을 사랑하는 것보다 쉽다. 사람과 달리 동물을 사랑하는 것은 어떠한 조건도 따르지 않고 비평도 있을 수 없기 때문이다. 개나 고양이는 주인의 애정을 조건 없이 받아들이며 그 사랑의 양이나 질에 결코 불평하지 않는다. 또한 사회에서 위축된 생활로 인해 친구, 가족, 동료들과의 만남을 회피하고 자신의 울타리만 지키는 사람들이 반려동물에게까지 그들의 울타리를 제한시키는 경우는 없기 때문에 반려동물은 그들에게 있어서 사회와 이어주는 울타리가 되어준다.

우울함을 느끼고 있는 사람들이 반려동물에게 편안함을 느낀다면 그 다음 단계는 반려동물과 동네를 산보하면서 이웃을 만나 즐거운 인간관계를 맺으며 다시 한 번 사회생활의 변화를 맛보는 일일 것이다.

반려동물은 근심걱정 내부적 요인과 스트레스 외부적 요인의 가장 효과적인 처방전인 적당한 운동과 긴장을 완화시켜주는 역할을 하고 있다. 특히 애완견과의 산보는 두 가지의 장점을 제공한다. 실제 운동을 함으로써 얻는 신체적 효과와 가장 친근한 대상과 함께 있음으로써 얻는 심리적 안정 효과다.

(3) 반려동물과 인간의 생활

인생에 있어서 가장 반려동물이 필요한 시기는 어릴 때와 나이가 들었을 때의 두시기라고 한다. 특히 아이들과 동물과의 관계는 자연스럽고 좀 더 각별하여 심지어 신비스럽기까지 하다.

외국의 학자들은 아이들과 동물에 대한 관계형성이 생후 1년 이내에 형성된다고 하는데 6~12개월 된 아기들은 애견이 방에 들어올 때 웃음을 보이며 13개월 이상의 아이들은 애견을 따라가려고 한다. 7세-16세 사이의 아이들은 반려동물을 그들의 놀이친구이자 신뢰감 있는 동료로써 인식하고 있었으며 특히 애완견은 그중 가장 전반적으로 선호되는 애완동물이었고 지능을 가진 가족 구성원으로서 인식하고 있었다.

반려동물이 어린이에게 교육적, 정신적 역할을 다양하게 수행하고 있는 것을 보면 매우 놀랍다. 즉 정서지원, 태도조정, 사회화형성, 신체보조, 의욕고취, 훈련, 교육과 동기부여 등을 통하여 어린이에게 도움을 주고 있다.

사춘기 시기의 아이들에게 반려동물은 가족의 사랑을 대체할 수 있는 정신적 사랑의 대상이다. 사춘기는 역할 변화의 의식이 생겨나고 거칠어지며 자신에 대한 의구심이 생겨나는 혼란스러운 시기이다. 어린이도 어른도 아닌 신체적, 사회적, 정서적 중간자로서 위치해 있기 때문이다. 사춘기 때의 아이들은 크게 사회, 가족, 동료에게서 압박을 받고 있다고 생각하며 이상과 제한된 자신의 능력에 대한 실존을 찾기 위해 방황하고 있다. 또한 결론 없는 결론을 가지는 시기이며 그들이 해 나가는 모든 것들이 어느 것 하나 중요하지 않는 것이 없는 것처럼 보이는 시기이기도 하다.

많은 노인들은 반려동물이 그들의 가장 큰 불만을 해갈 시킬 수 있다고 믿고 있다. 실제로 애완동물은 노인들이 살아있는 생물을 만지며 애정을 느낄 수 있는 대상으로서 정서, 관심, 희생 그리고 책임의 사회에서 한 발짝 물러난 그들이 생활 질서를 다시 회복시키는데 커다란 도움을 준다. 노인들이 활력적인 사회생활에서 물러났을 때 인간 외의 환경, 특히 반려동물의 중요성은 크게 부각될 수 있다. 애완동물은 수용, 숭배, 용서, 무조건적 사랑을 행할 수 있는 능력을 가지고 있기 때문이다.

미국에서 수행된 연구 중에는 수감 생활 중 애완동물을 정기적으로 만나 활동할 수 있게 한 범죄자 그룹과 비만남 범죄자 그룹과의 차이를 실험하여 1년이 경과한 후에 분석한 결과 비만남 범죄자는 1년의 실험 기간 중 수감 중 인 동료와 12번의 싸움을 하였고 3번의 자살을 시도한 반면 반려동물과의 정기적 만남 그룹의 범죄자는 단 한 번 의 싸움이 있었을 뿐 자살시도는 없었고 비만남 그룹보다 약의 사용량도 현저히 줄어들었다.

(4) 노후생활과 반려동물

반려동물이 노인들의 삶에 미치는 영향은 **사회적 효과와 심리, 정서적 효과, 신체적 효과**로 나누어 볼 수 있는데 반려동물은 자식과 친구, 그리고 사회와 동떨어진 곳에서 정체된 노인들에게 다시 사회와 접할 기회를 주고, 다시 사회에서 일할 수 있는 힘과 동기를 주게 되며, 한 인간으로서의 자신감을 불어 넣어 새로운 역할을 할 수 있도록 하여 삶의 뒤안길에 있다는 관념에서 벗어나 적극적이고 건강한 생활을 영위할 수 있게 해준다.

또한 반려동물은 일상생활에서 받는 각종 스트레스를 풀어주고, 완충시키는 작용을 하여 인간생활의 파탄을 가져오는 여러 가지 일들(예 : 배우자와의 사별 등)에 대하여 위안을 얻고, 노인들에게 정신적, 육체적 건강을 유지할 수 있도록 도움을 준다.

노후의 생활에서 노인들이 사회조직에서 일자리를 잃거나 그들의 친구들과 사별하는 경우 등의 일로사회와의 접촉이 단절되거나 줄어드는 일들이 발생 할 수 있다. 또한 건강상태나 경제사정이 예전만큼 사회생활을 왕성하게 할 수 없게 만들기도 한다. 그러나 반려동물 사육 같은 특별한 취미나 종교생활, 집의 아이를 돌보는 일들을 통하여 사회와의 접촉을 계속 유지하기도 한다. 어떤 경우에 사람들은 반려동물을 매개로 다른 사람을 사귀기도 한다.

반려동물은 사람들 사이에서 유대 관계의 형성과 발전을 촉진하는 역할을 하며 노후생활에서 사회성 증진에 많은 영향을 준다.

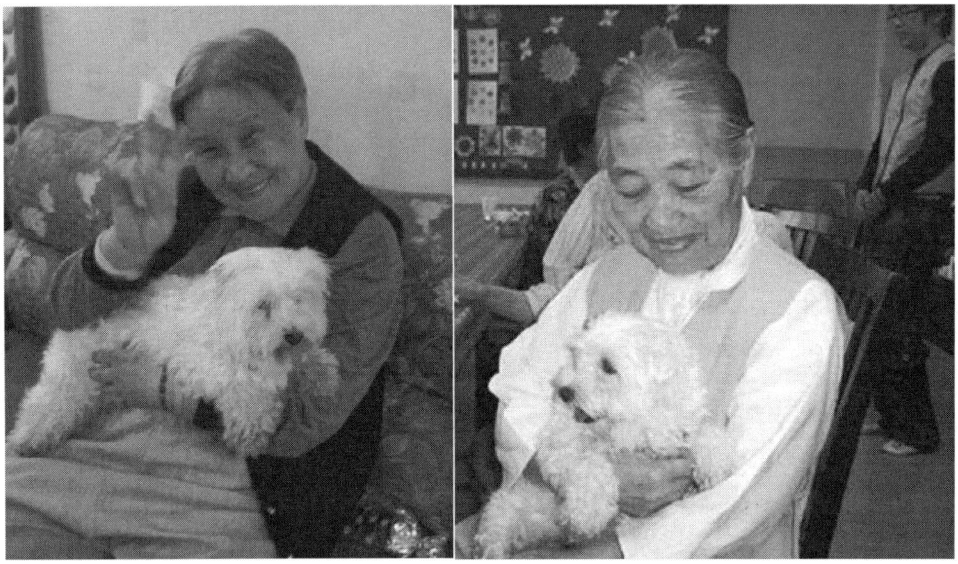

▌그림▐ 노인과 반려동물(동물매개치료 프로그램 활동 중 사진)

(5) 반려동물이 사람에게 주는 효과

1) 반려동물의 사회성 효과

개의 존재가 노인의 사회화에 도움이 되고 사회적 행동을 증가 시키는 예는 매우 다양하다. 양로원에 있는 노인들, 집에서 간호를 받는 노인들, 심지어는 알츠하이머병과 같은 노인성 치매를 앓고 있는 노인들에게도 개의 존재는 그들의 사회성의 증진에 많은 도움을 준다고 한다. 노인들이 사회와의 접촉이 줄어들수록 사회성의 유지에 대한 반려동물의 역할을 그만큼 커진다.

반려동물은 노인들에게서 흥미와 활동을 유발하며 나아가 그들과의 유대관계를 통해 즐거움을 주고, 외로움을 잊을 수 있는 위안처가 되기도 한다. 어떤 경우에 있어서는 반려동물이 유일한 사회화 도구가 되기도 하는데, 이런 사람들은 자신의 반려동물이 마치 사람인 듯이 그들과 대화하고 의지하며, 더불어 살아가게 된다.

2) 반려동물이 정서에 미치는 영향

반려동물을 사랑하는 사람은 자신과 비슷한 상황의 다른 사람들과 쉽게 사회적인 유대관계를 형성할 수 있다. 노인병을 연구하는 기관의 한 조사에 따르면 자원봉사자들의 방문에서 가족적인 분위기를 만드는 데 동반한 반려동물의 역할이 주효했다고 말한다. 환자들은 조금씩 자신들의 가족들과 건강, 동거자, 신앙, 일들에 대하여 이야기를 하게 되었다. 이로써 반려동물은 사람들 간의 분위기를 가족적으로 만들고 유대관계를 촉진시키는 역할을 함을 알 수 있었다. 아마도 자원봉사자들은 동물을 사랑하는 다른 사람과의 편안하고 즐거운 만남을 위해 반려동물을 데려가는 것이 좋다고 생각할 것이다.

3) 반려동물의 심리적 안정에 미치는 영향

반려동물을 기르는 것이 일시적인 또는 심각한 스트레스를 해소하는 데 도움이 된다는 사실을 증명하려는 많은 연구가 진행되었다. 노후의 생활은 젊었을 때에 비하여 여러 가지 육체적, 정신적 스트레스를 받게 되기 쉽다. 개개인은 배우자를 잃었을 때 엄청난 스트레스를 견디어야 하며 나이가 먹을수록 그 고통은 더욱 커진다. 홀로 되는 것과 사회적인 고립은 노인들로 하여금 쉽게 우울증에 빠지게 한다.

같은 조건에서 반려동물을 키우는 사람은 그렇지 않은 사람들에 비해 훨씬 더 정신적으로 안정하며 반려동물과 유대관계가 깊을수록 더욱 그렇다. 한 연구에 의하면 애완동물의 소유와 스트레스에 대한 연구에서 반려동물을 기르지 않는 사람은 스트레스를 받았을 때, 그로 인해 병원을 찾는 빈도가 현저히 증가하였으나, 반려동물을 기르는 사람이 비슷한 스트레스를 받았을 때에는 그다지 증가하지 않았다고 한다.

4) 반려동물이 신체적 건강에 미치는 효과

노후에 건강유지를 위하여 생활습관을 확립하는 것은 매우 중요한 일이다. 노인들은 노화 자체에 대하여 정신적인 불안감을 갖고 있다. 반려동물을 키움으로서 갖는 대표적인 이점 중에 하나는 시간을 건설적이고 생산적으로 사용하는 것이다. 반려동물은 규칙적인 생활을 하도록 동기를 부여한다. 모든 애완견의 소유자들은 개들이 걷기를 좋아하여 주인을 하여금 많은 신체 활동을 하도록 동기를 부여한다고 말한다. 여러 연구에서 애완견들은 건강에 필수적인 운동을 자연스럽게 또한 즐겁게 할 수 있게 동기부여를 해주며 따라서 노인들이 자신의 건강을 증진시키는 데 큰 몫을 한다고 말할 수 있다.

아마도 인간–동물간의 유대관계에 대하여 가장 널리 알려진 것은 애완견과 함께 홀로 된 노인 가정을 방문하는 것일 것이다. 애완견은 자원봉사자들의 환자나 다른 사람들과의 상호관계를 매끄럽게 즐겁게. 해주는 촉매역할을 하고 있으며, 이것은 환자뿐 아니라 방문자 자신에게도 큰 도움이 된다. 물론 자원봉사자가 환자에게 애완동물보다는 더 큰 영향을 주지만 애완견을 동반함으로써 방문자로 하여금 방문의 기회를 만들고 더 늘리는데 결정적인 역할을 하는 경우가 많다.

이런 많은 장점에도 불구하고 주위에는 여러 가지 여건 때문에 반려동물을 기르지 못하는 노인들이 많다. 애완동물을 키우지 못하는 여러 상황에는 노화에 의한 시력장애, 거동이 불편하다든지 손을 쓸 수 없다든지 하는 신체적인 장애가 문제될 수도 있고, 집안과 마당의 공간부족이 원인이 될 수도 있을 것이다.

반려동물을 소유한 그 순간부터 운동, 동물병원 내원 진료, 미용, 사료구입 등 여러 가지의 신체적, 정신적, 그리고 경제적 활동을 해야만 한다. 분명한 사실은 노인들이 반려동물을 기름으로서 그들의 사회성을 회복시키며, 일상에서의 스트레스를 해소하고, 적극적인 삶의 동기를 부여받아 보다 윤택하고 건강한 노후를 설계할 수 있다는 것이다. 그러므로 정부나 민간 기구들은 노인들이 여러 제한조건에 구애 받지 말고 반려동물을 기를 수 있도록 제도적, 사회적, 그리고 경제적 뒷받침을 해주어야 한다.

II 개의 종류와 특성

학습목표 instructional objectives

1. 개의 기원에 대해 알 수 있다.
2. 개의 종류와 특성에 대해 알 수 있다.

1. 개의 기원

(1) 선사시대

개는 가장 먼저 가축화(domestication)된 동물이다. 개의 기원에 대해서는 여러 가지 견해가 있다. 현대의 모든 개들이 어느 한 종의 선조로부터 유래 되었다는 주장과 현대의 개들이 크기와 성격 등 다양한 품종을 갖고 있는 것은 2종이상의 서로 다른 야생의 선조들의 혼혈에서 유래되었기 때문이라는 설 등이 있다.

화석에 나타난 최초의 가축은 개로 알려져 있으며 개를 최초로 순화시킨 사람들은 중근동 및 신대륙의 사람들일 것으로 추측되며, 그 연대는 최고 3만 5천년 전에서 1만 2천년 전 사이로 거슬러 올라간다. 가장 오래된 화석은 최근에 서독의 유적지에서 출토된 단일의 턱뼈이며 대략 1만 4000년 전의 것으로 추정되고 있다. 최초의 집개의 화석은 지금의 이스라엘의 원형 집 자리(Ain Mallaha)에서 발견된 1만 2천년 전의 화석으로서 개를 안은 자세로 묻힌 여인의 유골과 함께 발굴되었다.

한편 미국 일리노이주 리버밸리의 한 선사 유적지에서도 기원전 8,500년경에 정성스럽게 매장된 네 구의 개 유골이 발견되었다. 개들을 가지런히 묻은 것으로 보아 이곳에 살던 사람들은 아주 오래 전부터 개를 다정한 친구로서 소중하게 여겼던 것을 알 수 있다.

▌그림▌ 개의 화석(좌)과 조상 동물(우)

먹이가 부족한 개들이 인류의 거주지로 자주 나타나 먹다 남은 음식을 주워 먹음에 따라 자연스럽게 교류가 생겼을 수도 있다. 뿐만 아니라 개는 인류 곁에서 생활하게 되면서 맹수들의 접근이나 위험을 짖음으로써 알려 주었고 사람들은 밤에 안심하고 잠을 잘 수가 있었다. 그 뒤부터 인류는 개의 소중함을 알게 되었고 어디든지 동반하게 된다.

개는 인간보다 뛰어난 후각과 청각을 지니고 있으므로 예부터 경비용, 사냥용으로 이용되었으며 그 뒤 사역견(썰매견, 구조견, 가축몰이견), 애완견으로 발전되었다.

최근 유전학적 연구에 따르면 16,000년 전에 회색 늑대(gray wolves)가 처음으로 동남아시아에서 가축화되어 길러졌으며, 이러한 늑대가 개의 조상으로 인간과 함께 생활하며 여러 품종으로 개량되었다. 가축화된 대부분의 개의 품종은 초기 네 개의 그룹 오스트레일리아 딩고, 뉴기니 싱잉 도그, 콜리, 레트리버에서 분류되어 현재는 많은 수의 품종으로 개량되어 사육되어지고 있다.

개의 가축화 이유는 맹수의 접근 감시와 집 지키기와 동반 사냥 등 상부상조의 이유 때문일 것으로 추정하고 있다.

(2) 현대시대

현대사회에서 개는 아래와 같은 이유로 사육되고 있다.

① 친구로서의 애견(Pet → Companion)

② 가족의 일원(가축의 범주에서 벗어남)

③ 복잡한 사회생활에서 오는 압박감이나 스트레스 해소
④ 생명의 신비, 사랑의 마음, 생명의 존엄성 느끼게 해줌
⑤ 치료도우미견, 맹인견, 경찰견, 구조견 등 우리 생활에서 중요한 역할 함

2. 개의 진화과정

개의 진화 과정을 화석에 의해 추정해보면 개의 조상은 **마이아키스**이었을 것으로 추정하고 있다. 이어 **사이노딕티스**와 **사이데스머스**를 거쳐 **늑대**로 진화하였고 이 후 오늘 날 개의 형태로 진화된 것으로 추정하고 있다.

개의 조상 동물의 화석을 통한 연구에서 개의 진화는 아래와 같이 정리된다.

① 약 3만 5백만 년전 Miscis(마이아키스)
② 약 2천 5백만 년전 곰 - Cynodictis(사이노딕티스) - 고양이, 살쾡이
③ 약 1천 5백만 년전 Cynodesmus(사이데스머스)
④ 약 1천만 년 전 여우 - tomarctus(토마크터스) - 너구리
⑤ 약 1천 년 전 코요테, 자칼 - Canis(캐니스) - 늑대
⑥ 현대 개

3. 개의 신체적 특징

개는 식육목과 개과의 포유류 동물이다. 발가락은 앞발에 5개, 뒷발에 4개로 땅을 걸어 다니는 지행성이고, 땀샘은 피부에 없고 발바닥과 혀에 있다. 개의 크기는 품종에 따라 다르며 어깨 높이는 8~90cm이고, 체중은 0.4~100kg 이상까지도 있다. 털은 장모, 단모, 이중모, 털이 없는 것도 있으며 빛깔이나 무늬의 변화가 많다. 개는 대뇌가 발달되었고 감각기관으로는 청각과 후각이 뛰어나다.

성별이나 개체 등은 모두 냄새로 분별하며, 먹이를 찾는데도 주로 후각에 의존한다. 개의 코끝이 젖어 있는 것은 공중에 떠다니는 냄새를 잡아내고 오래된 냄새를 제거하기 위함이다. 청각은 인간의 청각에 비해 4배나 먼 거리의 소리를 들을 수 있다. 시력은 100m 정도 떨어진 주인도 식별할 수 없을 정도로 약하지만, 움직이는 물체에 대해서는 민감하게 반응한다.

4. 개의 분류 및 종류

1) 독일 셰퍼드(German Shepherd Dog)

- 원산지 : 독일
- 목양견과 늑대 교잡종
- 이용 측면 : 군용견, 경찰견, 맹도견, 조난 구조견, 사역견 등 이용
- 장/ 단모 (2종)
- 감각 예민, 충성심이 있어 훈련용이.
- 체고 :♂ 60~65, ♀ 55~60cm
- 체중 :♂ 33~38, ♀ 26~31kg
- 눈 : 암색의 아몬드 모양

- 귀 : 직립되어 있고 끝이 뾰족하다.
- 꼬리 : 늘어져 있고 끝이 약간 굽었음.
- 털 : 목과 배의 색은 회색·담황갈색, 등 검거나 밝은 밤색

2) 콜리(Collie)

- 원산지 : 스코틀랜드 영국왕실 → 미국
- 장/ 단모 (2종)
- 경계심이 강함
- 교외 사육이 적합하다.
- 주둥이가 길며, 다리 골절이 많은 편이다.
- 체고 : ♂ 61~66, ♀ 56~61cm
- 체중 : ♂ 27~34, ♀ 23~29kg
- 눈 : 아몬드 모형
- 귀: 반 직립, 끝은 약간 굽음.
- 꼬리 : 늘어졌다.
- 털 : 거칠고 양이 많다. 색은 흑색, 황갈색, 흰색 등

3) 도벨만(Doberman)

- 원산지 : 독일
- 주인에게 충실, 타인경계, 훈련용이
- 이용 측면 : 군용견, 경찰견, 변견.
- 공격적임.
- 체고 : 최대 68~70cm
- 체중 : 30~40kg
- 눈 : 짙은 암색
- 귀 : 서 있는 것이 좋다.
- 털 : 짧고 부드럽다. 색은 검정, 적색, 청색 등 여러 종류.

4) 세인트버나드(Saint bernard)

- 원산지 : 스위스 (세인트버나드 사원 번식)
- 이용 측면 : 조난 구조견, 산악지대 우유, 버터 운반견
- 경계심이 강하여 침입자를 보고 잘 짖지만, 공격하지는 않는다.
- 복종 훈련이 필요하다.
- 체고 : ♂ 70 이상, ♀ 65cm 이상
- 체중 : ♂ 64~91, ♀ 54~77kg.
- 귀 : 삼각형으로 늘어짐.
- 꼬리 : 굵고 끝이 뾰족함.

- 털 : 장모와 단모의 두 종류.
- 색 : 백색에 적색무늬, 적색에 백색무늬 등.
- 동화 '폴란다스의 개'

5) 로트와일러(Rottweiler)

- 원산지 : 로마 → 독일 로트와일러 지방
- 힘이 강하여 가축유도 용이, 짐차 견인용이(20세기 이후 사역 금지, 급격히 감소)
- 이용 측면 : 경찰견, 변견으로 사육.
- 끈기, 활력, 지구력 겸비.
- 체고 : ♂ 63~68, ♀ 58~63cm
- 체중 : 45~55kg
- 귀 : 늘어짐(단이하지 않음)
- 꼬리 : 단미수술 필요
- 털 : 짧고 밀생. 색은 검정색에 황갈색 무늬

6) 시베리안 허스키(Siberian Husky)

- 원산지 : 미국
- 털 색 : 회색, 검정색, 붉은색 등
- 알래스카 유래, 추운지방 출신, 썰매 끌고, 순록을 지킴.
- 체고 : 53~60cm
- 체중 : 16~27kg

7) 비글(Beagle)

- 원산지 : 영국(인기 있는 엽견으로 토끼사냥에 주로 이용)
- 목소리 울림. 실내 사육 부적합
- 훈련 필요
- 집중력 떨어짐

- 식욕 왕성, 비만주의
- 체고 : 33~38cm
- 체중 : 7~12kg
- 눈 : 밤색으로 온화한 표정
- 귀 : 길게 늘어진 귀.
- 꼬리 : 높게 들여 있다.
- 털 : 매끄럽고 두껍다. 색을 청흑반점,
- 백, 흑, 오렌지, 황갈색 반점 등

8) 바셋트 하운드(Basset hound)

- 원산지 : 프랑스
- 후각 발달. 사냥 능숙. 훈련 어려움.
- 비만, 변비, 고창증 호발.
- 큰 귀(상처 호발), 피부질환 호발.
- 다산- 칼슘부족, 골격이상, 산욕열 호발.
- 체고 : ♂ 약 36, ♀ 약 34cm
- 체중 : ♂ 약 28, ♀ 약 26kg.
- 눈 : 우묵 들어갔음.
- 귀 : 길어서 머리 아래 부위까지 늘어짐.
- 꼬리 : 위로 굽음.
- 털 : 윤기가 있고 짧은 털색은 검정과 갈색, 흰색의 삼색.

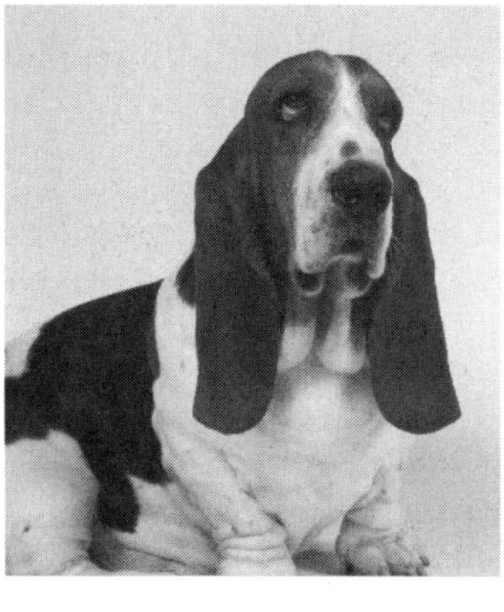

9) 그레이하운드(Greyhound)

- 원산지 : 고대 그리스와 이집트에서 사육했던 역사가 오래된 견종이다.
- 엽견 → 경주견, 가정견.
- 시각 발달, 훈련 어려움.
- 비만, 다산 : 칼슘부족, 골격이상, 산욕열 호발.
- 체고 : ♂ 71~77, ♀ 69~72cm
- 체중 : ♂ 29~32, ♀ 27~29kg.
- 눈 : 밝고 생기 있다.
- 귀 : 작고 부드러운 로즈 귀
- 꼬리 : 가늘고 늘어져 있다.
- 털 : 짧고 촉감이 좋다. 색은 어느 것이나 인정받는다. 보통은 백색, 그레이 색.

10) 블러드하운드(Bloodhound)

- 원산지 : 고대 그리스나 로마에서 도주하는 노예의 색출에 사용하였던 개의 후손.
- 훈련 어려움.
- 규칙적 운동 필요.
- 다산
- 체고 : ♂64~69, ♀58~63cm
- 체중 : ♂41~50, ♀37~45kg.
- 눈 : 황색에서 다색. 모색 닮음.

- 귀 : 길고 늘어졌다.
- 꼬리 : 낮게 늘어졌고 약간 구부러졌다.
- 털 : 짧고 조강하며, 색은 검고 황갈색에 붉은 무늬

11) 포인터(Pointer)

- 중세 유럽 프랑스, 독일 등
- 여러 나라에서 유행적으로 사육.
- 이용측면 : 엽견, 경주용, 가정견.
- 철저한 훈련 필요.
- 규칙적 운동 필요.
- 체고 : ♂ 63~69, ♀ 61~66cm
- 체중 : ♂ 22~25, ♀ 20~22kg.

- 눈 : 밤색으로 선량한 표정.
- 귀 : 머리에 밀착되어 늘어짐.
- 꼬리 : 동체에 수평으로 들려 있음.
- 털 : 짧고 아름답다. 색을 레몬과 백색,
- 오렌지와 백색, 흑과 백, 적갈색과 백색 등.

12) 닥스훈트(Dachshund)

- 독일 원산의 엽견.
- 짧은 다리, 긴 허리 특징. 훈련 어려움.
- 척추손상 호발, 비만 주의.
- 피모 – smooth, long, wire 의 3종류.
- 체고 : 표준형 35 , 소형종 20cm
- 체중 : 표준형 7~12, 소형종 4kg미만.
- 눈 : 난형으로 중간 크기.
- 귀 : 머리에 밀착되어 늘어졌다.
- 꼬리 : 등에서 곡선으로 뻗어 있다.
- 털 : 짧고 광택이 있다. 색을 황갈색, 초콜릿색에 황갈색, 적갈색 반점.

13) 잉글리쉬 코커스파니엘(English cocker spaniel)

- 원산지 : 영국
- 이용 측면 : 조립견, 가정견.
- 특징 : 귀가 크다.(주의 – 먹이 먹을 경우, 귀 청소 잘하기.)
- 체고 : ♂ 39~41, ♀ 38~39cm

- 체중 : ♂ 11~15, ♀ 11~15kg.
- 눈 : 크고 다색.
- 귀 : 낮게 부착, 길고 늘어짐.
- 꼬리 : 단미수술 필요.
- 털 : 견사처럼 부드럽다.
- 색 : 적갈색, 오렌지색, 황색, 검정색 등

14) 라브라도 리트리버(Labrador retriever)

- 원산지 : 캐나다(19세기 영국으로 건너감.)
- 이용 측면 : 조립견, 맹도견, 경찰견, 마약 탐지견, 사역견 등 만능견의 역할 담당.
- 충분한 공간 사육, 수영 즐김, 규칙적 운동 필요.
- 체고 : ♂ 56~62, ♀ 54~58cm
- 체중 : ♂ 27~34, ♀ 25~32kg.
- 눈 : 밤색으로 표정이 풍부
- 귀 : 머리에 부착되어 늘어짐.
- 꼬리 : 굵고 끝이 가늘게 되어 있음.
- 털 : 짧고 밀생되었음. 모색은 흑색이나 황색의 단색 또는 황색과 혼색

15) 핀셔(Pinscher)

- 19세기 말 독일.
- 체고 : 45~48cm
- 체중 : 8~10kg
- 눈 : 난형으로 암색
- 귀 : 직립한 것이 좋다.
- 꼬리 : 3미추에서 단미.
- 털 : 짧고, 조강하며 밀착.
- 색은 흑에 황갈색 무늬, 초콜릿색, 밤색에서 다갈색 등

16) 요크셔테리어(Yorkshire terrier)

- 19세기 중엽 스코틀랜드로부터 요크셔지방.
- 혼합교잡종.
- 쥐 사냥용.

- 상류사회 애완용.
- 체고 : 15~18cm
- 체중 : 1.5~3.0kg
- 눈 : 암색으로 빛난다.
- 귀 : V자 형으로 서 있다.
- 꼬리 : 보통 단미한다.
- 털 : 견사처럼 촉감이 좋다.
- 색은 어두운 청색으로 가슴, 머리,
- 다리에는 황갈색의 무늬를 가지고 있다.

17) 퍼그(Pug)

- 중국에서 기원, 티베트의 승원에서 사육.
- 주둥이가 나올수록 잡종임.
- 성격-완고하고 게으른 점도 있다.
- 주인에게는 가지고 있는 애정을 모두 줄 정도로 우호적.
- 호기심 왕성 → 훈련용이.
- 체고 : 25cm 전후 이상
- 체중 : 3~6kg
- 눈 : 동공은 암색으로 빛난다.
- 귀 : 작은 검정색으로 융단 모양 버튼 귀.
- 꼬리 : 전형적으로 말린 꼬리.
- 털 : 짧고 부드럽다. 색은 황갈색, 은색, 흑색 등
- 주름이 많다.

18) 미니어쳐 슈나우저(Miniature schnauzer)

- 원산지 : 독일
- 독특한 눈썹과 턱수염이 특징.
- 애정이 깊고 주인과 같이 생활하기를 즐김.
- 타인 경계, 하지만 투쟁심은 없다.
- 체고 : 30~35cm
- 체중 : 5~7kg
- 눈 : 암색으로 난형, 돌출되지 않음.
- 귀 : 높게 부착, 반직립(유럽에서는 단이 시켜서 세운다.)
- 꼬리 : 제3미추에서 단미.
- 털 : 길고 뾰족한 눈썹 털과 굵고 억센 수염색은 검정이나 검정에 은색 등의 혼색.

19) 푸들(Poodle)

- 원산지 : 원래는 독일이나 러시아가 발생지로 추정
- 오랫동안 프랑스와 대표적인 국견으로 인정.

- 수금류 사냥에 이용
- 잦은 손질 필요
- 체고 : standard 45~55, miniature 25~35, toy 25cm 이하.
- 체중 : standard 22, miniature 12, toy 3~7kg 이하
- 눈 : 검정이나 호백색으로 표정이 풍부.
- 귀 : 빰에 늘어진 귀.
- 꼬리 : 보통 1/3 길이에서 단미
- 털 : curl 또는 줄을 꼰 것처럼 치장. 색은 흑, 백, 밤색, 회색 등.

20) 말티즈(Maltese)

- 역사가 오래된 견종
- 지중해 몰타섬.
- 중세 유럽 : 상위신분
- 잦은 손질 필요.
- 추위, 더위주의.
- 흰털의 강아지는 눈물이 착색, 관리주의.
- 소형견은 약하므로 관심이 필요로 한다.
- 체고 : 21~25cm
- 체중 : 2~3kg.
- 눈 : 크고 생기 있음.
- 귀 : 삼각형으로 늘어졌음.
- 꼬리 : 방모가 있고 등에 굽어있음.
- 털 : 모량이 많고, 장모, 광택이 있으며 견사와 같은 촉감.

21) 치와와(Chihuahua)

- 멕시코 치와와 지방.
- 최소형견.
- 체력 약함, 추위 주의, 난산 위험,
- 급식 어려움. 저혈당증 주의.
- 단모종이 털이 더 잘 빠짐.
- 체격이 작은 편이라 눈이 커 보인다.
- 체고 : 13cm 내외
- 체중 : 0.9~2kg 정도.
- 눈 : 흑, 청, 밤색으로 또렷.
- 귀 : 폭이 넓고 45도로 부착.
- 꼬리 : 길고 굽어 있다.
- 털 : 장단이 있고 모색의 지정은 없다.

22) 페키니스(Pekingese)

- 고대 중국 왕실.
- 짧은 주둥이 특징.
- 난산 다발, 백내장, 녹내장 다발.
- 비강협소 다발.

- 품종 중 흰색견이 더 약함.
- 체고 : 20cm 전후
- 체중 : 3~7kg 정도
- 눈 : 크고 돌출됨.
- 귀 : 하트형으로 머리에 부착되어 늘어짐.
- 꼬리 : 등에 굽어 있음.
- 털 : 길고 직립. 색은 백색 및 적갈색 이외는 관계없음.

23) 시츄(Shih Tzu)

- 원산지 : 중국(티베트 지방), 라사압소에서 유래
- 애완견으로 인기 증가
- 체고 : 22~26cm
- 체중 : 4~7kg
- 색깔 : 모든 색이 가능.
- 감성이 풍부하고 애교도 많다.
- 장모종이라 매일 털 손질의 요한다.

24) 포메라니언(Pomeranian)

- 독일령이었던 발트해 연안의 포메라니아 지방에서 기원
- 털 관리 주의, 더위 주의
- 체고 : 20.3~27.9cm
- 체중 : 1.4~3.2kg

25) 진돗개(Jindo)

- 원산지 : 한국 진도(한국 특산견)
- 이용 측면 : 변견, 수렵견
- 체고 : ♂ 45~58, ♀ 43~53cm
- 눈 : 삼각형.
- 귀 : 삼각형으로 작은 편이며 약간 전방으로 숙어 있음.
- 꼬리 : 등위에 말려 있음
- 털 : 상모는 약간 뻣뻣, 꼬리털 약간 김

- 모색은 황색과 백색이 환영 받는다.
- 충견이며 귀소성이 강하다.
- 대담하고 용맹스러움
- 특별한 훈련 없이 뛰어난 자질을 갖춤

26) 삽사리(Sapsaree)

- 원산지 : 한국 경주(신라 왕궁유래)
- 체고 : 45.5~53.4cm
- 체중 : 15.4~21.8kg
- 털색 : 황색, 청색
- 이용 측면 : 가정견
- 1992년도에 천연기념물 제 368호 지정.
- 귀 : 아래로 쳐짐
- 머리 : 숫 사자를 연상할 정도로 크다.
- 꼬리 : 선 꼬리, 말린 꼬리
- 경계심, 충성심이 강하다.

27) 풍산개(Poongsan)

- 원산지 : 한국(북한 풍산)
- 체고 : 55~60cm
- 체중 : 20~30kg
- 털 색 : 흰색, 잿빛 섞인 색
- 이용 측면 : 사냥, 경비견
- 북한 1964년도. 천연기념물 128호 지정
- 현재 북한의 국가적 보호 아래 사육

5. 개 기르기와 예방접종

(1) 개 기르기

개는 젖을 떼는 6주~8주에 건강한 개체를 입양하여 이유 후 개 전용 사료를 급여하여 기를 수 있다. 일반적으로 6개월 이전의 자견은 1일 3회 영양가 높은 사료를 급여한다. 이 시기에 급성장하기 때문에 영양부족은 질병과 연결될 수 있다. 1년 령 이상의 개에는 성견 사료로 1일 2회 급여한다.

몸 관리는 1주에 1회 개 전용샴푸를 이용하여 목욕을 시키고 귀청소는 개 전용 ear cleaner를 이용하여 귀 안 쪽까지 깨끗이 청소하여야 한다. 또한 개 전용 치약을 사용하여 양치질을 해주고 발톱은 너무 짧지 않게 정기적으로 조금씩 잘라준다.

1) 주의해야 할 먹이

아래 음식물은 개에게 급여시 탈이 날 수 있어 주의를 요하는 식품이다.

① **파와 양파** : 개에게 매우 독이 되는 식품이다. 파와 양파는 적혈구를 파괴시켜서 혈뇨를 누게 하고 심한 경우 빈혈로 사망하게 만든다.

② **새우** : 괜찮을 수도 있으나 소화 불량의 의한 구토증상을 보이는 경우가 많다.

③ **향신료** : 고추, 후추, 식초 등 자극성 음식 및 감미료, 위를 강하게 자극하여 위염이 되기도 한다.

④ **초콜릿** : 테모브로민 성분이 중독의 원인이 되 심장질환을 일으키고 잘못 하다가는 치명적일 수도 있다.

⑤ **햄과 소시지** : 염분이 많아 해가 되기도 한다.

⑥ **닭 뼈**: 닭고기의 뼈 등은 매우 날카롭게 잘려서 찔리기가 쉬우므로 절대로 줘서는 안 된다. 닭고기를 먹은 후 휴지통에 버릴 때에는 개가 접근하지 못하도록 각별한 주의가 요망된다. 간혹 휴지통의 닭 뼈를 먹고 사망하는 경우들이 발생한다.

⑦ **짠 음식** : 강아지는 땀샘이 적어 땀으로 배출이 안 된다.

⑧ **문어, 오징어 류** : 저단백이며 소화 잘 안 된다.

⑨ **꽁치, 정어리 등** : 지방이 많은 어류는 습진이나 알레르기, 탈모의 원인이 된다.

⑩ **과자, 사탕 등** : 당분이 많은 과자류는 충치의 원인. 설사의 원인이 되며 비만의 원인이 될 수 있다

⑪ **계란의 흰자위** : 설사의 원인

⑫ **우유 및 유제품** : 우유를 차게 하면 설사의 원인, 너무 뜨거우면 응고되어 흡수력이 떨어진다. 유당 분해 효소인 락타아제의 분비가 적기 때문에 사람이 먹는 우유를 먹게 되면 설사를 일으킬 수 있으므로 개전용 분유를 먹인다.

⑬ **뼈** : 과다하면 변비

⑭ **야채류** : 몸에서 비타민 C를 합성하므로 필요 없음(단, 변비에는 효과가 있음)

⑮ **포도** : 우발적 포도 섭취로 콩팥 손상으로 사망한 예가 보고되고 있어 주의를 요함.

2) 항문낭 관리

개에게 있는 특이한 구조물로 항문 양 옆에 있는 **항문낭**(anal sac)이 있는데 항문낭은 개 특유의 냄새가 나는 곳이다. 이곳에서 분비되는 항문낭 액은 적을 쫓거나 자신의 영역을 표시하는 역할을 하는 것으로 야생동물의 영역 표시 방법으로 사용되던 것으로 추정되는데 애완동물의 경우에 항문낭은 냄새와 항문낭 염증의 원인이 되기 때문에 정기적인 관리가 필요하다.

3) 중성화 수술

중성화 수술은 수컷의 경우에 정소(testis)를 적출하여 주는 것이고 암컷의 경우에는 난소와 자궁을 적출해주는 것이다.

중성화 수술의 목적은 수컷의 경우에 정소에서 나오는 남성호르몬 테스토스테론이 만들어지지 않도록 어린 연령에 정소를 제거함으로서 중성화를 시키는 것이다. 중성화수술은 수컷의 특징인 영역 표시하는 오줌을 나누어 배뇨하는 습관을 예방하여 사육이 용이하게 할 수 있고, 성격이 온순해지며, 정소에 자주 발생하는 암을 예방할 수 있다.

암컷의 경우에 어린 연령에 난소와 자궁의 제거로 원치 않는 임신을 예방하고 발정기 행동을 억제해 가출이나, 발정기 출혈이 없어지므로 위생상 문제를 예방하고, 여성호르몬 에스트로겐 분비가 억제되므로 이와 연관 있는 유방암 유발을 막아줄 수 있다. 또한 3년 이상 어른 개체에서 자주 발생되는 자궁축농증을 예방할 수 있다.

(2) 모체이행항체(母體移行抗體)

개는 분만 직후 일반 비유기 젖보다 더 진한 형질의 젖을 분비하는데 이를 가리켜 '**초유**'라고 하고 그 초유에는 모견이 살아오면서 체험한 질병에 대한 면역물질과 백신 접종에 의하여 형성된 면역물질이 함유되어있어 이를 **모체이행항체**라고 부르며 그 항체의 수준을 계수화 시켜 놓은 것을 항체가(抗體價)라고 한다. 모체이행항체에 의한 항체 획득은 자신의 노력이 아닌 젖을 통한 항체 획득이라는 의미로 「수동면역」이라 하고 그 반면에 백신에 의한 항체 형성은 바이러스의 체내 증식에 의하여 형성된 항체라고 하여 「**능동면역**」이라고 한다. 모체이행항체는 질병 별로 항체가 수준이 달라 반감기에 의하여 어떤 질병은 방어 항체가 수준 이상으로 남아있는데 비하여 어떤 질병은 이미 방어 항체가 수준 이하로 저하되어 바이러스에 노출되면 감염이 된다. 일반적으로 충분한 항체를 소유한 모견의 초유를 충분히 먹은 자견의 경우라 하더라도 생후 주령이 늘어나면서 모체이행 항체가 소실되어 12주령이 넘어가면 완전 소실로 면역공백이 생기게 된다. 대부분 방어항체가 수준 이하로 모체이행항체가 소실되기 전에 백신을 접종하는 것이 좋다. 개체에 따라 모체이행 항체 소실 시기가 다르지만 일반적으로 젖을 떼는 6주 이후부터 예방접종을 시작하도록 권장하고 있다. 1회 접종으로 병원체를 막아낼 수 있는 충분한 방어항체가 체내에 생성되지 않기 때문에 2~4주 간격으로 3~5회 정도의 기본 백신 접종 프로그램이 요구되고 있다.

(3) 개의 예방접종

일반적으로 비교적 간섭 현상이 덜하고 표적장기(target organ)가 다른 백신을 사용자가 쓰기 편하게 몇 개씩 묶어 사용하는 종합백신이 이용되고 있다. 국내에 주로 사용되는 **종합백신은 DHPPL로서 개 홍역, 개 간염, 개 감기, 개 파보장염, 렙토스피라 감염증과 같은 5종 병원체에 대하여 예방할 수 있다.**

모체이행항체가 소실되기 이전인 생후 6주령부터 예방접종을 실시하여 방어항체 수준을 끌어올리기 위해서 백신을 프로그램에 따라 반복 접종을 한다.

▌표▐ 개 예방접종의 종류와 접종 프로그램

백신 종류	예방 목적 질병	접종 프로그램
종합백신 (DHPPL)	개 홍역, 개 간염, 개 감기, 개 파보장염, 렙토스피라	• 생후 6주부터 2~4주 간격으로 5회 접종 • 이 후 매 년 1회 보강접종
코로나 장염	Canine corona virus	• 생후 6주부터 2~4주 간격으로 2~3회 접종 • 이 후 매 년 1회 보강접종
켄넬코프	*Boardetella brochiceptica* Parainfluenza virus	• 생후 8주부터 2~4주 간격으로 2~3회 접종 • 이 후 매 년 1회 보강접종
광견병	Rabies virus	• 생후 3~4개월령 1회 접종 • 이 후 6개월 마다 보강접종

III 고양이의 종류와 특성

학습목표 instructional objectives

1. 고양이의 기원에 대해 알 수 있다.
2. 고양이의 종류 및 특성에 대해 알 수 있다.
3. 고양이 기르기와 예방접종에 대해 설명할 수 있다.

1. 고양이의 기원

(1) 고양이의 진화 및 사육의 역사

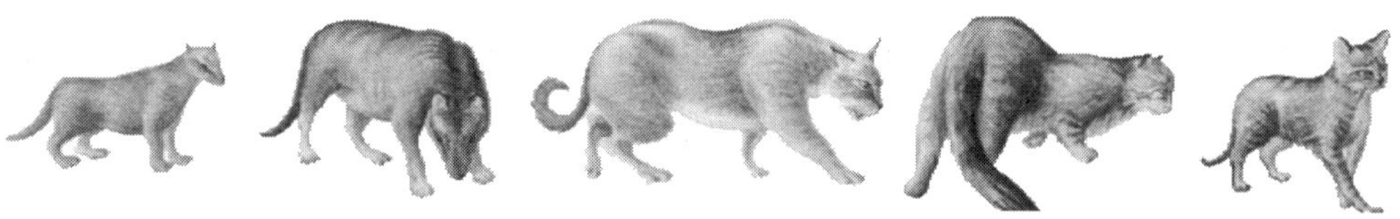

고양이는 **식육목 고양이과**의 포유류에 속하고, 한자로 **묘(描)**라고 한다. 애완용 고양이는 아프리카, 남유럽, 인도에 걸쳐 분포하는 리비아 고양이를 사육하여 순화시킨 것이다. 따라서 **고양이들의 조상은 5000년 전의 리비아 살쾡이가 선조**라고 할 수 있으며, 이 리비아 살쾡이가 고대 이집트 시대 때에 곡물창고의 쥐를 잡아먹었고, 사람들은 쥐로부터 곡식을 보호하기 위해 고양이를 사육하기 시작 하였다. 리비아 살쾡이를 사육하면서 번식을 시작해 시간이 많이 지나며, 지금의 고양이로 모습이 고정 되었다. 시간이 흐르며 고양이는 여러 곳에서 쓰이게 되었으며, 무역선을 통해 여러 지역으로 퍼지게 되었습니다. 아프리카와 인도에 살던 고양이는 유럽과 아시아로도 옮겨지기도 하고, 사람들이 인위적으로 교배를 시켜 종류도 다양해 져서 현재는 약 30~40여 종이

보고되어 있으며, 미국의 CFA(Cat Fancier's Association)에서 인정받은 고양이 종류는 30종에 이른다.

우리나라에서는 중국에서 불교가 전래될 때 경전을 쥐로부터 보호하기 위하여 들여왔다는 설이 있다.

현재 고양이는 개와 더불어 가장 대중적인 애완동물로서 자리를 차지하고 있다.

(2) 고양이의 선조

Scottish wildcat

Spanish wildcat

African wildcat

Indian desert cat

▌그림▐ 고양이의 선조 동물

인간과 고양이의 만남은 약 5,000년 전으로 거슬러 올라간다. 사람들이 쥐들로 부터 곡물 을 지키기 위해 북아프리카에 서식하는 리비아 고양이를 가축화 한 것이 시초라고 알려져 있다. 온순해서 사람을 잘 따르는 리비아의 들고양이들은 식량이 풍부해지고 고대 이집트의 여러 도시에서 차츰 분포 범위를 넓혀 나가 이후 각지의 들고양이들과 교잡하여 현재의 '고양이'가 되었다.

고양이는 가축화한 역사가 짧다는 것과 쥐를 잡는 것 이외에는 별로 실용적이지 못하였기 때문에 개들처럼 형태적으로 차이는 별로 없다. 고양이의 품종 연구는 대단한 고양이 애호가였던 빅토리아 여왕에 의해 이루어졌다. 그때까지 각지에서 혼혈과 돌연변이로 여러 가지 종류의 고양이가 탄생하였지만, 현존하는 대부분의 종류는 19~20세기에 영국이나 미국에서 만들어져 품종으로 고정된 것들이다. 새로운 품종을 만들어내고 순혈종을 고정시키는 작업은 지금도 품종 개량가(breeder)들에 의해 계속되고 있다.

2. 고양이의 신체적 특징과 습성

고양이의 몸길이는 47~51cm이고, 꼬리길이 22~38cm, 몸무게 7.5~8.5kg이다. 귓바퀴는 삼각형이고, 귀의 등 쪽에 살쾡이에서 볼 수 있는 흰 무늬는 없다. 앞발에 다섯 발가락, 뒷발에 네 발가락이 있으며, 예리한 발톱이 있는데, 발톱은 속에 감출 수 있다. 앞 뒷발의 발바닥에는 연한 pad(육구, 肉球)가 있어 소리를 내지 않고 걸을 수 있으며, 뒷발이 비교적 길어서 도약력(跳躍力)이 뛰어나다.

(1) 신체적 특징

1) 눈

① 어두운 곳에서 잘 볼 수 있음

② 사람이 볼 수 있는 빛의 양의 7분의 1정도.

③ 색을 잘 볼 수 없음

④ 망막에 반사판이 있어 어둠에서 빛이 반사되어 눈이 반짝인다.

2) 귀

① 개보다 청각이 좋음(가청주파수 : 30Hz~60KHz)

② 개의 가청 주파수 : 20Hz~40KHz

③ 사람의 가청 주파수 : 20Hz~20KHz

④ 사람이 들을 수 없는 소리도 들을 수 있음

3) 이빨

① 유치와 영구치가 있음.

㉠ 유치 - 생후 8주 전에 모두 갖춤(26개)

㉡ 영구치 - 생후 3개월 ~ 5개월 사이 영구치로 이갈이 함 (30개)

② 송곳니-크고 날카로움,

③ 어금니-표면이 뾰족함(찢는 기능), 물리면 상처가 깊어 조심하여야 한다.

4) 코

① 개보다 뒤떨어짐,

② **세력권**(Home Area 와 Hunting Area가 있음)을 냄새로 확인

③ 음식의 부패 여부, 맛 등을 냄새로 확인

④ 유해 물질의 제거 적당한 온도와 습도의 조절과 냄새를 맡는 역활

(5) 꼬리

① 미추라는 작은 뼈로 이어져 있음. 점프나 높은 곳에서 뛸 때 균형유지

② 꼬리의 움직임으로 고양이의 기분을 알 수 있음

㉠ 심하게 휘휘 돌릴 때 - 기분이 나쁠 때

㉡ 꼿꼿이 세울 때 - 기분이 좋음

㉢ 꼬리를 부풀릴 때 - 흥분 또는 공포를 느낄 때

6) 수염

정보 수집을 위한 고성능 측정기로 감각모라고 불리는데 사람에게는 이런 기관이 없다. 입 주위, 눈, 코, 앞다리뒤쪽에 있는 식모 안에도 있다.

7) 등

고양이의 털 색깔을 내는 겉털과 속털에 덮인 몸통은 교묘하게 공격을 피할 수 있는 이점이 있다. 땀샘이 없어 털 손질로 털을 눅눅하게 만들어 체온을 조절하고 피부가

두꺼워 자유롭게 신축할 수 있다.

8) 다리

단거리 경주라면 동물 가운데 상위권에 둔다. 앞발보다 긴 뒷발의 강한 근육과 부드러운 관절이 점프, 나무타기에 최적이다. 뒷발은 추진력뿐이고 방향을 바꾸는 것은 앞발의 역할이다.

(2) 고양이 습성

1) 고양이의 행동 특성

① **야행성 동물** – 낮에는 자고 밤 11시경 가장 활발함
② 단독으로 생활하는 동물
③ 어릴 때는 여러 마리를 함께 기르는 것이 좋다.
④ 적응력이 뛰어나 각기 자기의 생활 스타일을 만들어 갈 수 있다.
⑤ 한 밤중에 밖에 나가는 경우가 있다.

2) 세력권을 가진다.

① **가정영역**(Home Area) : 다른 고양이의 출입을 허락하지 않는 배타적 영역
② **사냥역역**(Hunting Area) : – 다른 고양이와 공유하는 공간(반경 100~500m)
③ **냄새 묻히기** : 자기의 세력권에 자신의 냄새를 묻혀 둔다.
④ 여러 마리를 같이 키우는 경우 고양이들 사이에 우열의 순위가 결정됨

3) 발톱 갈기를 한다.

① 고양이의 발톱 갈기는 본능입니다.
② 행동개시를 할 때 발톱 갈기를 함
③ 일정한 곳에서 발톱 갈기를 할 수 있도록 도와줌
④ 발톱 갈기를 시작하려고 할 때 발톱 갈기 도구가 있는 곳에 데려다 줌

4) 정해진 곳에 배변하는 습성을 가짐

① 정해진 곳에 배설하는 습성을 가지고 있음
② 맨 처음이 중요함 – 맨 처음 화장실에서 배설하도록 도와주면 거의 성공

3. 고양이 종류

고양이는 장모종(長毛種)과 단모종(短毛種)으로 분류된다. 개와 달리 체격상 차가 적으므로 각 품종 중의 내종(內種)이 발달되어 있다. 고양이는 누가 뭐라고 해도 개와 더불어 가장 대중적인 애완동물이다. 품종은 약 30여 종이 되며 다른 동물에 비해 비교적 오래 사는 편으로 보통 15~25년쯤 산다.

(1) 장모종

1) 페르시안 고양이(Persian)

- 원산지 : 페르시아 → 영국
- 기원 : 1800년대
- 체중 : 3~4kg
- 털종류 : 장모
- 체형 : 통통하고 둥글다
- 털색 : 단일색, 실버, 스모그, 바이칼라 등 7가지로 분류
- 눈색 : 청동색
- 특징 : 둥글고 큰 머리에 작은 귀를 지녔다. 아주 동그란 큰 눈에 짧고 납작한 코. 목은 짧고 굵으며 어깨 폭은 넓고 몸통은 짧다. 다리와 꼬리도 짧으며 정사각형 체형이다. 긴 털이 장식하듯 몸 전체를 덮고 있다.

2) 아메리칸컬(American curl)

- 원산지 : 미국
- 기원 : 1881
- 체중 : 3~5kg
- 털종류 : 장모
- 체형 : 약간 가는 체형
- 털색 : 다양. 몸 끝은 진한 색
- 눈색 : 청색
- 특징 : 아메리칸컬의 귀는 만져보면 견실하고, 얼굴에서부터 머리의 가운데 뒤를 향하여 우아한 아치를 그리면서 뒤집혀있다. 이것은 바로 부모대로부터 물려받은 유전적인 변화이다. 호기심이 많고, 동료애가 있으며, 매우 사람을 잘 따른다.

3) 노르웨이 숲(Norwegian forest) – 노르웨이안 포레스트 캣

- 원산지 : 북유럽(노르웨이)
- 털종류 : 장모
- 체형 : 당당하고 큰 체형
- 털색 : 다양

- 눈색 : 초록색, 황금색
- 특징 : 밝은 에메랄드 녹색 눈에 황금 띠가 둘러있다.
  털은 길게 흘러내린다. 얼굴은 상냥한 표정을 띤다. 귀는 말쑥하고, 발가락은 다듬어져 있다.

(2) 단모종

1) 샴(Siamese)

- 원산지: 태국
- 기원 : 14세기 → 1700년대 개발
- 체중 : 2.5~5.5kg
- 털종류 : 단모
- 체형 : 매우 가늘고 길다.
- 털색 : 포인트
- 눈색 : 사파이어 블루
- 특징 : 근육질이고, 파이프 모양의 몸체를 긴 다리가 받치고 있으며, 기다란 목과 꼬리가 우아하다. 짧고, 빽빽하고, 비단결 같은 털이 긴 몸매를 강조해준다. 기다란 머리는 아주 똑바른 옆모습과 미끈한 쐐기꼴이다. 커다란 귀는 쐐기 꼴을 완성해 주며, 진한 청색의 아몬드 모양의 눈은 기울어서 자리 잡고 있다. 이 고대의 품종은 족보가 있는 고양이 중에서 가장 오래된 고양이이다.

2) 아비시니안(Abyssinian)

- 원산지 : 에티오피아 → 영국
- 기원 : 고대 이집트 집고양이.1800년대 말 영국
- 체중 : 4~7.5kg
- 털종류 : 단모
- 체형 : 가는 체형.
- 털색 : 적갈색, 청색, 붉은 색, 황갈색
- 눈색 : 황금색, 초록색
- 특징 : 매우 사람에게 맞도록 길들여진 고양이

  이다. 무릎 위의 고양이가 아니라 사람과 어울리기 좋아하고, 사람이 뭘 하는지 알고 싶어 하고, 도와주기를 원하는 고양이이다.

3) 엑조틱(Exotic)

- 원산지 : 미국
- 기원 : 1960년대
- 체중 : 3~3.6kg

- 털종류 : 단모
- 체형 : 통통하고 짧은 체형.
- 털색 : 다양
- 눈색 : 다양
- 특징 : 엑조틱의 털은 품종의 특징이며, 부드럽고, 둥그스름한 장난감 곰처럼 보이게 한다.

4) 망스(Manx)

- 원산지 : 영국
- 기원 : 1800년대
- 체중 : 3.5~5.5kg
- 털종류 : 단모와 장모
- 체형 : 등이 짧고 체형이 둥글다.
- 털색 : 다양
- 눈색 : 청동색
- 특징 : 망스는 영국 해안의 맨 아일랜드 (Man 섬)에서 수백 년 전에 기원한 것으로 생각된다. 꼬리가 없거나 짧은 것이 특징이나 긴 꼬리를 가진 개체도 있다.

5) 러시안 블루(Russian Blue)

- 원산지 : 북유럽
- 기원 : 1800년대
- 체중 : 3~5.5kg
- 털종류 : 단모
- 체형 : 약간 가는 체형.

- 털색 : 청회색
- 눈색 : 초록색
- 특징 : 피모는 이중이고 고급 융단을 만지는 듯한 촉감이며 털색은 반짝반짝 빛나는 라이트 블루이다. 둥근 눈은 진한 초록으로 미간이 벌어져있다. 입주위의 독특한 미소는 러시아의 스마일로 불린다. 다리는 길고 몸통은 가늘고 길며 몸놀림이 부드럽고 아름답다.

4. 고양이 기르기와 예방접종

(1) 고양이 기르기

1) 고양이 사육 관리

① 고양이 전용 사료 급여

고양이 전용 사료에는 **타우린**이 포함되어있어 별도의 타우린 공급을 하지 않아도 되는 등의 영양 공급이 용이하다는 장점이 있기 때문에 전용 사료를 공급하는 것이 좋다. 타우린 결핍의 경우에 **심근병**이 유발되어 치명적으로 폐사에 이를 수 있다. 일반적으로 자묘용(7개월령 미만)과 성묘용(8개월령 이상)으로 구분하여 연령에 맞는 영양 공급이 될 수 있도록 나오고 있으며, **모구증**(hair ball)을 예방할 수 있는 성분이 첨가된 사료도 나오고 있다.

② 배변상자, 배변 모래 준비

고양이는 대소변을 해결할 수 있는 화장실용 배변상자를 준비하는 것이 필요하다. 바닥이 얇고 고양이가 다 자란 후에도 사용할 수 있는 정도의 적당한 넓이의 시판용 고양이 화장실을 준비하도록 한다. 이 안에 고양이 모래를 집어넣으면 배설물과 함께 뭉치게 되어 처리가 용이하다.

③ **발톱갈이용 판**

고양이가 처음 집에 와서는 낯설어 하다가 점차 집안 분위기에 익숙해지면 주변의 가구나 기둥 또는 카펫 등을 발톱으로 할퀴게 된다. 이것은 본능적인 행동이기 때문에 어쩔 수 없다. 대신 발톱갈이용 판을 준비하여 가구나 기둥이 상하지 않게 해야 한다.

④ **고양이 장난감과 용품**

고양이는 개와 매우 다른 습성을 가지고 있다. 고양이 장난감으로 특이한 것은 고양이는 높은데 올라가는 것을 좋아하기 때문에 계단이 있는 타워 집 놀이 기구를 구입하여 준다. **개다래(cat nip) 나무 잎** 성분이 들어있는 간식은 고양이 기분을 좋아하게 한다.

2) 모구증(헤어볼, Hairball) 예방

① 원인

고양이는 자기 털을 핥고 다듬는 습관이 있어서 털을 많이 삼키게 되는데, 털은 소화가 되지 않으므로 변과 함께 배출되기도 하지만 배출되지 않은 털은 위에 남아 서로 엉키게 된다. 이것을 **헤어볼(Hairball)**이라 하고 야구공 보다 단단하며 크기도 다양한데 위나 기도에 생기기 쉬우며 발생 빈도는 50~80%에 이른다. 자기 털을 유난히 자주 핥거나 길고 굵은 털을 가진 고양이들이 헤어볼 또는 **모구증(毛球症)**이 발생할 확률이 더 높다.

② 증상

크기가 작은 경우에는 별 문제가 되지 않으나 커지면 소화 기능이 저하되고 심하면 장을 막을 수도 있다. 헤어볼은 소화가 불가능하므로 고양이들은 입으로 뱉어내려고 애를 쓴다. 기침을 하며 입을 벌리고 헛구역질을 하거나 토한다. 주로 나타나는 증상은 설사, 변비, 또는 잦은 구토 등이다.

③ 헤어볼 발생을 증가 시키는 요인.

– 봄, 가을 털갈이 철이 한창일 때.
– 피부나 털이 건강치 못할 때.
– 스트레스가 심할 때
– 어미 고양이가 갓 낳은 고양이 털을 핥아 주는 시간이 길 때.
– 주인이 고양이 털을 충분히 빗질해 주거나 다듬어 주지 않을 때

④ 헤어볼 예방법

털갈이 철을 비롯해 평소 브러시 질을 자주 해주는 것이 효과적인 예방이며 고양이에게 물리적인 부담을 주지 않는 환경을 조성해서 스트레스 탈모를 줄인다. 수위사의 정기적인 검진도 필요하다. 최근에는 고양이 사료에 헤어볼 제거 성분이 포함된 사료가 시판되고 있어 이러한 사료의 급여로 질병의 예방에 도움이 된다.

(2) 예방접종 종류

고양이 종합백신 국내에서 3종백신이 주로 사용되며, 4종백신 또한 일부 이용되고 있다.

1) 3종 종합백신

고양이 범백혈구감소증(Feline panleukopenia virus, FPV)과 바이러스성 호흡기질환으로 고양이 바이러스성 비기관염(Feline viral rhinotracheitis, FVR), 고양이 칼리시 바이러스(Feline Calici virus, FCV)의 3개 병원체에 대한 예방

2) 4종 종합백신

3종 종합백신 병원체 + 고양이 백혈병 바이러스(Feline leukemia virus)의 4개 병원체에 대한 예방

3) 단독백신

- 고양이 전염성 복막염(Feline infectious peritonitis, FIP)
- 고양이 광견병 : Rabies virus 예방
- 클라미디아 : Chlamydia pschittasi 병원체 예방
- 고양이 면역결핍 바이러스(Feline immunodeficiency virus, FIV) : lentivius 일종

3) 고양이 예방접종 스케쥴

① 고양이 백신은 생후 8주령부터 접종하는데, 종합백신은 흔히 3종 백신으로「백혈구감소증(FPV)+바이러스성 호흡기질환(FVR, FCV)」의 3개 병원체에 대한 백신이 혼합되어 있는 제재를 많이 사용하며, 생후 8주부터 접종을 시작하여 3-4주간격으로 3회를 실시한다.

② 이후 매 1년에 한번이상 추가접종을 해주며 종합백신 추가접종 시에는 고양이 백혈병 바이러스 검사를 필수적으로 해주어야 한다.

③ 12주령에 고양이 백혈병 바이러스 백신 1차 접종, 16주령에 2차, 이후 1년에 1회 추가 접종한다.

④ 고양이 전염성복막염과 고양이 광견병 예방주사는 생후 16주령에 1차 접종한 후 매년 추가 접종을 한다.

⑤ 고양이의 기생충 감염은 때로 사람에게도 옮겨 질 수 있기 때문에 기생충 검사 후 건강상태에 따라 구충제를 먹여야 한다.

▌표▌ 고양이 예방접종의 종류와 접종 프로그램

연 령	백 신 종 류
6~8주령	1차 : 3종종합백신「백혈구감소증(FPV)+바이러스성 호흡기질환(FVR, FCV)」
12주령	2차 : 3종종합백신「백혈구감소증(FPV)+바이러스성 호흡기질환(FVR, FCV)」 1차 : 백혈병 (FeLV)
16주령	1차 : 전염성복막염 (FIP), 광견병(rabies) 2차 : 백혈병 (FeLV) 3차 : 3종종합백신「백혈구감소증(FPV)+바이러스성 호흡기질환(FVR, FCV)」
매년	3종종합백신「백혈구감소증(FPV)+바이러스성 호흡기질환(FVR, FCV)」, 백혈병, 광견병

* FPV : 고양이 백혈구감소증, FVR : 고양이 바이러스성 비기관염, FCV : 고양이 칼리시바이러스, FeLV : 고양이 백혈병, FIP : 고양이 전염성복막염

5. 고양이 이야기

(1) 마네키 네코

마네키 네코는 고양이 모양의 작은 입상이다. 그러나 단순한 고양이 모양을 마네키 네코라고 하지는 않는다. 사람을 부르는 것처럼 한쪽 앞발을 들고 앉아있는 고양이 입상만을 마네키 네코라고 한다. 일본에서는 이것을 집에 두면 행복을 불러오고, 가게에 두면 행운과 손님을 불러온다고 한다. 이는 일종의 행운을 가져다주는 부적이라고 할 수 있다. 일본 상인들은 미신을 많이 믿는다. 그들은 언제나 많은 손님과 번영하는 사업을 희망하면서 가게의 앞이나 뒤에 행운의 부적으로 마네키네코를 둔다. 두 가지 종류의 마네키 네코가 있는데, 하나는 왼쪽 발을 든 것이고, 다른 하나는 오른쪽 발을 든 것이다. 왼쪽 발을 든 것을 손님을 반기는 것이고, 오른쪽 발을 든 것은 돈이나 행운을 불러들인다는 전설이 있는데, 기원은 알려져 있지 않다.

▌그림▌ 마네키네코 인형

(2) 검은 고양이에 대한 미신

검은 고양이는 행운을 혹은 불행을 가지고 있을까? 검은 고양이를 둘러싼 미신은 고양이가 여신에게 바쳐진다고 생각했던 고대 이집트에서 시작되었다. 점차 고양이는 신의 상징이 되었으며, 위대한 고양이 여신으로 존재했다. 지금도 고양이에 대한 숭배를 나타내는 그림이 많이 남아있다. 중세 전에는 고양이 특히 검은 고양이가 악마의 상징으로 받아들여지지 않았다. 불행하게도, 고대의 뿔이 있는 신이 악마의 모습으로 받아들여지게 된 것처럼 이집트에서 신으로 받아들여졌던 고양이에 대한 박해가 시작되었고, 고양이는 야행성이고 밤에 돌아다녔기 때문에 초자연적인 악마의 부하로 여겨졌으며, 심지어 악마가 변한 모습이라고 믿기까지 했다. 고양이의 유연한 몸놀림과 밤이면 빛나는 눈 또한 악마에 대한 희생양이 되었다. 검은 고양이는 어둠과 의혹을 구체화시켰으며, 비이성적이고 설명할 수 없는 두려움을 나타내게 되었다. 또한 애드가 알렌 포우의 검은 고양이라는 소설은 고양이에 대한 이미지를 좀 더 나쁘게 만드는데 일조를 한 것도 사실이다. 하지만 외로운 사람에게 고양이는 좋은 친구이다. 이교도에게 사랑받았었다는 이유만으로 악마의 상징이 되어버린 검은 고양이. 하지만 그들은 고양이의 아름다운 특징이 좀 더 부각되었을 뿐이다.

(3) 고양이와 개의 차이점

개가 침대에 뛰어오르는 이유는 당신을 좋아하기 때문이고, 고양이가 침대에 뛰어오르는 이유는 침대를 좋아하기 때문이다. 고양이는 개보다 똑똑하다. 어느 누구도 고양이 여덟마리를 묶어서 썰매를 끌게 할 수는 없다. 고양이는 짖을 수 있다. 다만 하지 않을 뿐이다. 개는 당신에게 사랑하는 법을 가르치고, 고양이는 사는 방법을 가르친다. 당신은 개를 훈련시키지만, 고양이는 당신을 훈련시킨다.

개 : "사람들은 나를 먹여주고 사랑해두고 쓰다듬어주고 따뜻한 집을 제공해주고 나에게 너무 잘해줘. 그들은 분명히 신일꺼야~"

고양이 : "사람들은 나를 먹여주고 사랑해주고 쓰다듬어주고 따듯한 집을 제공해주고 나에게 너무 잘해줘. 나는 분명히 신일꺼야."

memo

03

Chapter

동물의 구조와 기능

Animal structure and function

동물을 이해하기 위해서는 기본적인 구조와 조직의 기능을 숙지하여야 한다. 동물의 기본 구조는 해부학을 통한 형태학적 연구를 통하여 정립될 수 있고, 기본적인 기능은 생리학을 통한 기능 연구를 통하여 확립되어있다. 이 번 단원에서는 동물의 기본 구조와 기능을 이해하고 파악할 수 있도록 하고자 하였다. 동물은 종이 다양하면서 종간 구조와 기능의 차이가 파악되고 있다. 이를 비교해부학이라 하며 비교해부학을 이용하여 동물간의 차이를 이해할 수 있다.

I 동물의 기본 구조

학습목표 instructional objectives

1. 동물의 기본 구조를 이해하고 설명할 수 있다.
2. 동물 구조의 기능을 이해하고 설명할 수 있다.

동물의 이해는 해부학적 구조와 생리학적 기능의 이해가 필수적이다. 동물의 기본 구조는 형태학적인 연구를 통하여 알 수 있고, 기능적인 측면에서는 생리학의 연구를 통하여 알 수 있다. 동물 종간 구조와 기능의 차이는 비교해부학적 지식으로 알 수 있다. 이 번 단원에서 기본적인 해부생리학적 특성을 알아보고자 한다.

1. 골격계(Skeletal sytem)

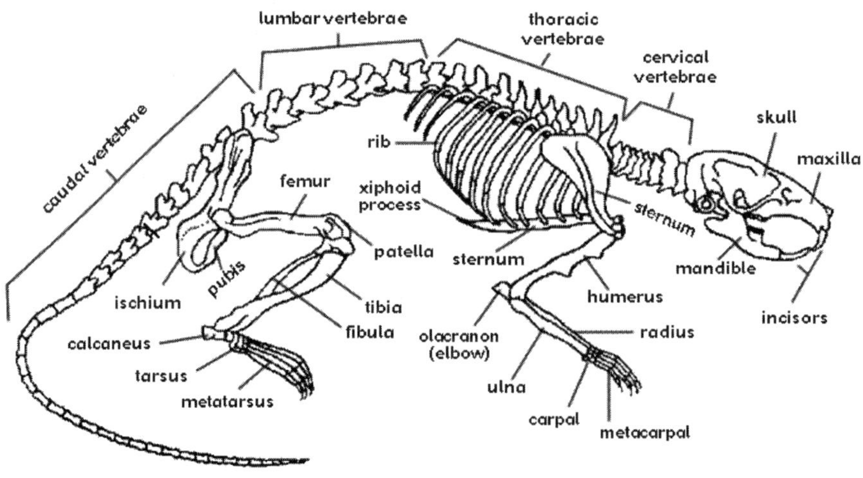

▌그림▐ 랫드의 골격계

골격은 중추골격(Axial skeleton)으로 척주(vertebral column), 늑골(Ribs), 흉골(sternum), 두개골(Skull), 내장골(visceral skeleton) 등이 있으며, 사지골격(Appendicular skeleton)으로 전지와 하지의 골격 등으로 구성된다. 변이골(Heterotopic bones)은 일반적인 골격구조에 포함되지 않는 골로 연골내골화 혹은 막내골화에 의해 생긴다. 개, 하등 영장류 및 포유류의 음경속 해면체 사이에 위치하는 **음경골**(Os penis)과 사슴과 소의 심장 실간격막 내에 위치하는 **심장골**(Os cordis) 및 양성자(hermaphrodite)의 질에서 보이는 **음핵골**(Os clitoridis) 등이 그 예이다.

2. 소화계통

소화계통(digestive system)은 입에서 시작하여 항문으로 끝나는 긴 튜브 모양의 기관(tubular organs)과 여기에 부속되는 소화액 분비샘(digestive glands)으로 구성된다. 튜브 모양의 기관은 그 속에 빈 공간인 속공간(lumen)을 가지고 있으며 이곳을 통하여 섭취한 음식물이 지나가며 소화가 되기 때문에 흔히 소화관(alimentary tube, digestive tract)이라는 이름으로 불리어지기도 하고 위와 장이 소화관을 이루는 주요기관이므로 흔히 **위장관**(gastrointestinal tube, GI tract)이라고도 한다. 소화관의 **부속샘**(accessory glands)에 해당되는 큰 소화액 분비샘으로는 세 **침샘**(salivary glands)과 **간**(liver) 및 **이자**(췌장, pancreas)가 있다. 소화관과 부속샘은 동물이 필요로 하는 에너지의 원료와 몸의 구성 및 대사에 필요한 재료를 몸 바깥에서 받아들여 몸에서 흡수할 수 있는 상태로 바꾸어주고 노폐물은 몸 밖으로 배출하는 일련의 연속된 기능을 수행하게 된다. 재로가 되는 음식은 입(mouth)의 한부분인 구강(oral cavity)으로 받아들여 물리적으로는 작은 덩어리로 부수고 화학적으로는 침샘(salivary glands)의 분비물인 침의 도움을 받아 더욱 잘게 분해하여 이것을 **인두**(pharynx)와 **식도**(esophagus)라는 통로를 거쳐 **위**(stomach)로 보내게 된다. 위에서는 위벽의 움직임과 화학적인 처리로 소화(digestion)를 시작하고 다음 단계인 **작은창자**(소장, small intestines)로 넘겨 본격적인 분해과정을 거치는데 **샘창자**(십이지장, duodenum)를 지나는 동안 가장 큰 부속샘인 **간**(liver)과 **이자**(췌장, pancreas)로부터 분비되는 소화액을 섞고 연동(peristalsis) 운동을 하면서 **빈창자**(공장, jejunum), **돌창자**(회장, ileum)를 지나가는 동안 영양소는 흡수하고 나머지는 큰창자(대장, large intestines)로 밀어낸다. 큰창자에서는 **막창자**(맹장, cecum)와 **긴주름창자**(결장, colon)의 통로를 거치면서 마지막 흡수를 하고 더 이상 필요로 하지 않는 찌꺼기는 **곧창자**(직장 rectum)에 잠시 보관하였다가 **항문**(anus)을 통하여 몸 밖으로 배출하는 일련의 소화과정을 거치게 되는 것이다.

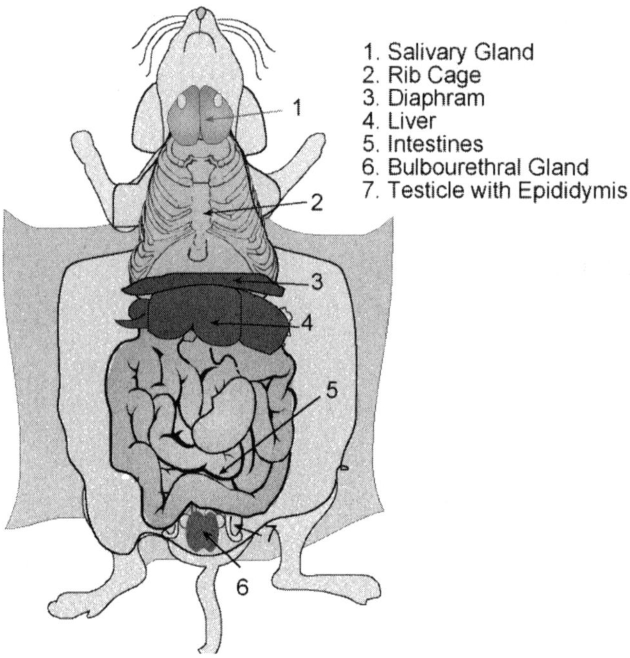

▌그림▌ 랫드의 내부장기

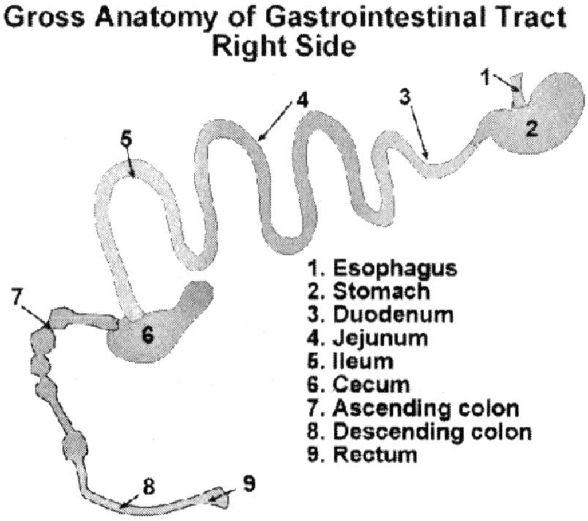

▌그림▌ 랫드의 위장관

3. 호흡계통

호흡계통(respiratory system)은 코에서 시작하여 허파에 이르는 불규칙한 공기의 출입 통로를 말하며 실제로 가스 교환을 하는 곳은 **허파(폐lungs)**이고 나머지는 공기를 허파까지 또는 허파에서 밖으로 운반하는 통로인 호흡기도(respiratory tract)이다. 코안(비강 nasal cavity)은 바깥코(external nose)와 함께 공기 통로의 첫 관문이 된다. 호흡기도는 **인두(pharynx)** 부분에서 소화기관의 통로와 엇갈리며 **후두(larynx)**를 지나 **기관(trachea)**으로 이뤄지는데 기관은 목에서 시작되어 가슴속에서 좌우 기관지(bronchi)로 바뀌게 된다. 기관지는 나뭇가지처럼 갈라지는 엽기관지(lobar bronchi), 구역기관지(segmental bronchi)를 지나 더욱 가늘어져 세기관지(bronchioles)와 호흡세기관지(respiratory bronchioles)로 바뀌고 그 뒤 허파꽈리관(alveolar duct), 허파꽈리주머니(alveolar sacs)를 지나 마지막으로 **허파꽈리(폐포 alveoli)**에 이르게 된다. 엽기관지 이후 허파꽈리까지는 허파 속에 들어있으며 실제 가스 교환이 되는 곳은 허파꽈리이므로 허파 속이라도 그 이전의 통로는 모두 호흡기도(숨길 respiratory tract)라고 볼 수 있다.

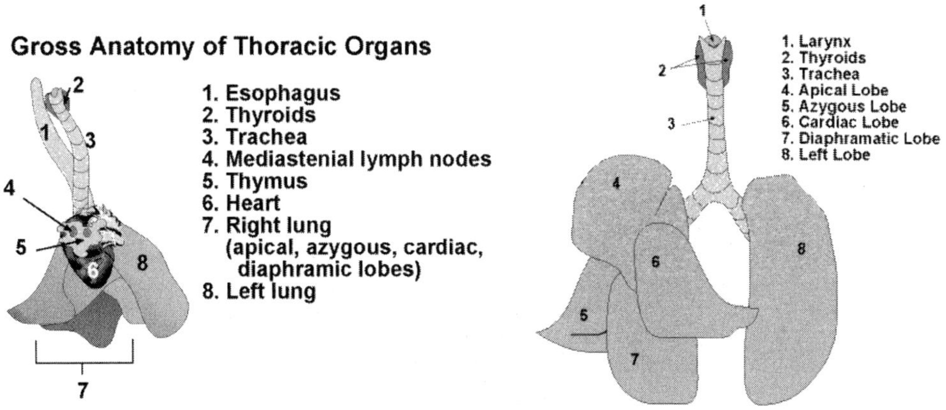

▌그림▐ 랫드의 흉강내 장기

4. 비뇨계통의 내장

비뇨계통(urinary system)은 혈액의 순환 도중 혈액 속의 불필요한 물질을 걸러 내어 일정 시간 동안 모아 두었다가 몸 밖으로 배출시킴으로써 몸의 체액 및 전해질의 균형을 이루고 불필요한 대사의 마지막 산물을 몸 바깥으로 배출시키는 일을 맡고 있는 일련의 내장기관으로 구성되어 있다. 비뇨기관 중에서 혈액과 접촉하여 대상이 되는 물질을 여과시키거나 재흡수하는 일은 **콩팥**(신장, kidneys)에서 수행된다. **요관**(ureters)은 콩팥에서 만들어진 오줌을 방광으로 운반하는 기능을 가졌고 **방광**(urinary bladder)은 요관을 통하여 운반되어 온 오줌을 일정 기간 동안 보관해 두는 탱크 역할을 하고 필요할 때 방광 벽을 수축시킴으로써 오줌을 **요도**(urethra)를 통하여 몸 밖으로 내보낸다. 비뇨계통의 내장 중에서는 직접 오줌을 만들어 내는 콩팥이 가장 중심적인 기관이 되며 콩팥을 제외한 나머지 기관은 모두 모 밖으로 배출시키는 통로 역할만을 수행하기 때문에 요로(urinary tract)라고 부르고 있다. 비뇨기관은 암수 모두 같으나 다만 마지막 요로인 요도의 대부분이 수컷에서는 바깥생식기관인 **음경**(penis) 속에 놓여 있으며 그 곳은 곧 생식로의 일부도 되므로 길이도 길지만 암컷에서는 요도가 생식로와 별도로 되어 있으며 방광에서 직접 바깥생식기관인 **질어귀**(vestibule of vagina)에 열리기 때문에 길이가 짧다.

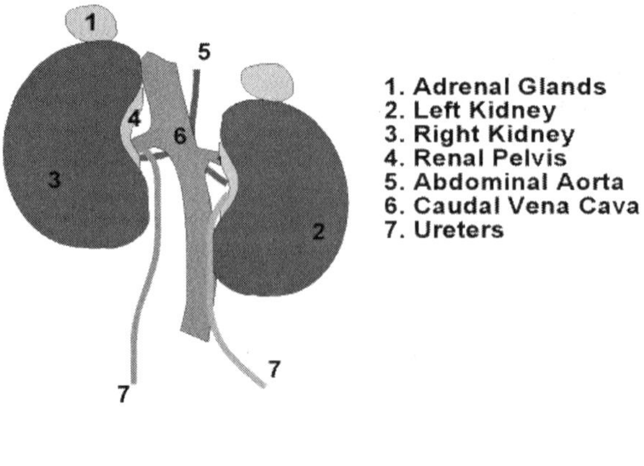

▌그림▌ 랫드의 콩팥

5. 생식계통의 내장

생식계통(reproductive system)은 한 개체와 닮은 또 하나의 새로운 개체를 만듦으로써 종족을 이어나가게 하는 기능을 가진 일련의 기관들로 구성된다. 생식계통에 속하는 기관에서는 개체의 시작이 되는 생식세포(sex cells, gonadal cells)를 만들어내고 수컷과 암컷의 두 생식세포를 합치게 하여 여기서 새로이 이루어지는 개체를 일정기간 동안 발육시켜 몸 바깥으로 배출시키는 기능을 순서에 따라 가지는 기관이므로 생식계통의 기관은 수컷과 암컷에서 유일하게 그 구조가 다르다. 그러나 생식기관은 암수 모두에서 생식세포와 성호르몬을 만들어내는 생식샘(성샘, gonads)과, 두 세포를 만나게 해주고 새로이 생긴 개체를 발육시키는 생식로(genital tract, reproductive tract)의 두 가지로 나뉘는데 생식로의 끝은 몸 바깥으로 열리고 있다. 생식샘에 해당되는 것이 수컷에서는 고환(testes)이고 암컷에서는 난소(ovaries)이다. 수컷에서 생식샘은 **고환**(testes)이고 그 이후 요도까지는 모두 생식로이다. 고환(testes)에서 만들어진 생식세포인 정자(spermatozoa)는 **부고환**(epididymis)을 지나 **정관**(ductus deferens)을 거쳐 필요한 때에는 사정관(ejaculatory duct)을 통하여 요도를 지나 바깥으로 배출되는데 정자가 배출될 때는 부고환 및 생식로의 부속샘인 **정낭**(seminal vesicles) 및 **전립샘**(prostate)에서 분비되는 상당량의 분비물에 정자가 섞여 **정액**(semen)이라는 상태로 내보내진다. 고환과 부고환 그리고 정관의 일부는 **음낭**(scrotum)이라고 하는 주머니 속에 들어있고 요도의 대부분은 음경(penis) 속에 들어있는데 음경 속의 요도는 요로와 생식로를 겸하게 된다. 음경은 암컷과 성적 교류를 하는 교합기관(copulatory organ)이기도 하다. 암컷의 생식샘은 **난소**(ovaries)이고 자궁관(uterine tubes)에서 바깥생식기관까지가 생식로(genital tract, reproductive tract)인데 난소와 생식로인 자궁관이 직접 이어져 있지는 않고 가까이 놓여 있기 때문에 남성과는 달리 생식로의 속공간과 골반공간(pelvic cavity) 속이 서로 교통하게 되어 있다. 생식로 중에는 자궁관에 이어지는 팽대된 **자궁**(uterus)이 있는데 수정된 난자를 일정 기간 동안 발육시켜 성장이 끝나면 몸 바깥으로 배출시키는 기능을 수행한다. 자궁에서 이어지는 **질**(vagina)은 남성과 성적 교류를 하는 교합기관(copulatory organ)임과 동시에 임산부에서는 태아를 낳을 때 몸 밖으로 내보내는 분만로(delivery tract)로도 작용한다. 생식로의 바깥으로 향한 마지막 부분인 바깥생식기관

(external genitalia)에는 불두덩(mons pubis), 대음순(labia majora), 소음순(labia minora), 음핵(clitoris), 질어귀(vestibule), 질어귀망울(bulb of vestibule), 큰질어귀샘(greater vestibular glands) 등이 속하는데 큰질어귀샘은 생식로의 한 부속샘이다. 이 밖에도 질어귀에는 요로의 마지막 부분인 암컷 요도가 열리고 있다. 암컷의 유방(breasts)은 형태학적으로나 발육 과정으로 보아서는 피부와 매우 밀접한 관계에 있는 부속샘인 젖샘(mammary glands)과 지방조직으로 채워진 구조물로 되어 있지만 젖샘에서 만들어지는 젖이 기능적으로는 분만한 태아의 영양을 위하여 공급되기 때문에 젖샘의 기능은 암컷의 생식주기와 밀접한 기능적 관계를 가지게 되어 흔히 암컷 생식기관에 소속시키기도 한다.

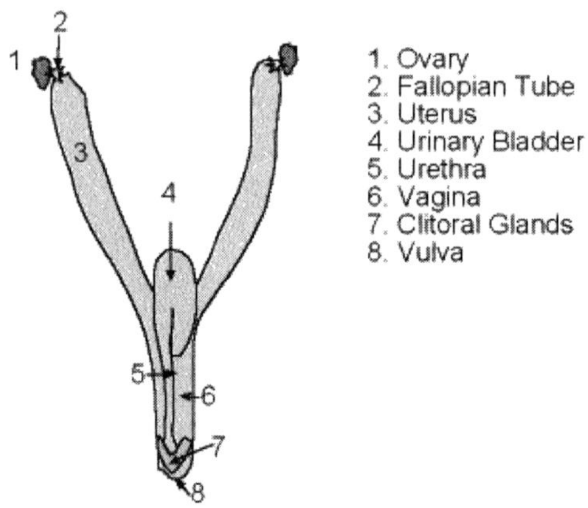

▌그림▐ 랫드의 암컷 생식기

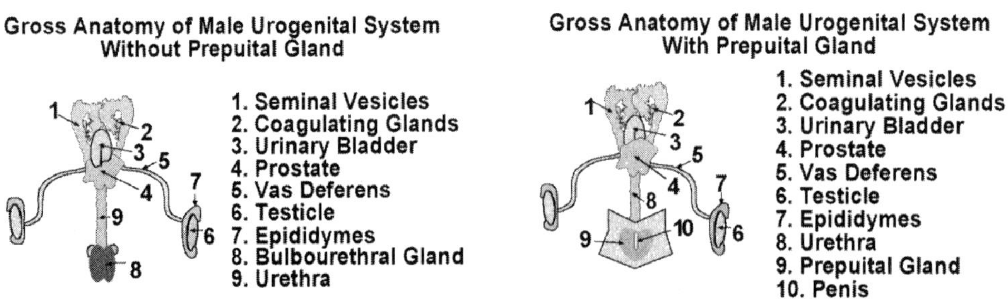

▌그림▐ 랫드의 수컷 생식기

6. 내분비계통

내분비계통(endocrine system)의 내장은 다른 계통과 달리 그 계통을 구성하고 있는 기관(organs) 즉 내장이 연속되어 있지 않고 서로 사이가 떨어져 있는 것이 특징이다. 이것은 다른 내장계통의 기관들이 서로 이어져 어떤 내용물이 지나갈 수 있는 통로를 구성하고 있는 것과는 달리 내분비기관은 각각 독립적으로 분비물인 호르몬을 만들어 내고 이것을 혈관을 통하여 필요로 하는 곳에 옮기도록 되어 있는 것이다. 그러나 이 기관은 비록 위치상으로는 서로 떨어져 있어도 분비된 호르몬을 통하여 기관 서로 사이에 활동을 견제하기도 하고 촉진시키기도 하는 기능축(functional axis)을 이루고 있어 이 기관을 내분비계통이라고 묶어서 분류하는 것이다. 내분비계통에 속하는 내장은 흔히 내분비기관(endocrine organs)이라는 말로 더 자주 불리어지고 있다. 내분비기관은 기관 전체가 순수 내분비기관인 것도 있고 다른 외분비기능을 가진 부분과 함께 위치하는 혼합형의 기관도 있다. **뇌하수체**(pituitary gland), **송과체**(pineal body), **갑상샘**(thyroid gland), **부갑상샘**(parathyroid glands), **부신**(adrenal glands)은 대표적인 단독 내분비기관이고 **이자**(췌장, pancreas), **고환**(정소, testes), **난소**(ovaries)는 원래 소화계통, 남성생식계통 및 여성생식계통에 각각 속하는 기관으로서 본래의 외분비 또는 세포생성 기능을 가지고 있으며 기관의 일부에 내분비 기능을 가지고 있는 복합형 기관이다. 몸의 위치로 보았을 때 뇌하수체와 송과체는 머리 속에 있고 갑상샘과 부갑상샘은 목에 위치하며 이자, 부신은 배공간 속에, 난소는 여성의 골반공간 속에 있으며 고환은 몸 바깥인 샅(회음) 부위에 매달려 있는데 이곳은 배공간 속과 통하는 곳이다. 위의 내분비기관 외에도 다른 기관이나 조직 속에 내분비 기능을 가진 세포 무리가 모여 있는 곳이 있어 이것을 분산내 분비샘(discrete endocrine glands)이라고 한다.

7. 순환기관

생체는 수없이 많은 세포로 이루어져 있고 이 모든 세포는 살아가는데 끊임없이 영양분과 산소를 필요로 한다. 또한 세포에서 생긴 불필요한 물질은 세포 밖으로 버려져야 되고 어느 한 세포에서 새로 만들어진 물질은 필요로 하는 다른 곳으로 옮겨주어야 한다. 그러나 몸에서는 기본적으로 세포가 필요로 하는 이러한 영양분과 산소를 몸 바깥에서 들여와야 하는데 몸속으로 들여오는 장소는 한정되어 있고 또한 폐기물을 몸 밖으로 버려야할 장소도 따로 정해져 있다. 즉 영양분은 소화관인 창자를 통하여, 산소는 호흡기관인 허파를 통하여서만이 들어오게 되어 있고 필요 없는 물질은 한데 모아져 기체로 된 것은 허파를 통하여, 액체로 된 것은 콩팥이나 땀샘을 통하여 그리고 일부는 소화계통을 통하여 버려지도록 되어 있다. 따라서 모든 세포와 이러한 특정한 장소 사이에는 이들 물질을 운반하여 줄 수송 수단이 필요해지는데 이 기능을 맡고 있는 것이 우리 몸의 **순환계통**(circulatory system)이다. 순환계통은 다시 피를 순환시키는 **혈관계통**(blood vascular system) 및 림프를 순환시키는 **림프계통**(lymphatic system)의 두 가지로 구분할 수 있다. 혈관계통은 심장과 혈관으로 구성되며 림프계통은 림프관과 림프절로 구성된다. 어떤 물질이 몸의 한 곳에서 다른 곳으로 옮겨지는 것은 혈액(blood)이라는 매개체에 의해서 이루어지는데 액체 상태의 혈액이 주위에 흩어지지 않고 온몸 구석구석으로 옮겨가게 하려면 혈액이 혈관(blood vessels)이라고 하는 폐쇄된 관(tubes) 속을 지나가야 한다. 또한 이 혈관 속에서 먼 거리까지 피가 가게 하려면 이것을 밀어내는 힘이 필요한데 이것이 펌프작용을 하는 심장(heart)이 하는 일이다. 이처럼 혈관과 심장은 순환계통을 이루는 가장 중요한 두 구조물이 되며 이 속을 돌고 있는 액체 상태의 혈액은 조직학적으로는 형태가 변형된 특수결합조직으로 보고 있다. 혈관 중에서도 가장 말초 부분에 해당되는 **모세혈관**(capillaries)의 벽은 내피세포(endothelial cells)라고 하는 얇고 납작한 한 층의 세포로 되어 있기 때문에 혈액의 성분 중에서도 혈액세포(혈구) 같이 형태를 가진 큰 구조물은 혈관 속에 머물러 있게 되지만 수분, 이온, 물에 녹아있는 기체, 작은 유기분자 등은 혈관벽을 넘어 혈관 바깥에 있는 세포와 세포 사이의 공간으로 빠져나갈 수가 있으며 이렇게 하여 혈관 밖으로 나가 세포 사이에 머물러있게 되는 액체는 흔히 조직액(tissue fluid)이라고 부르게 된다. 조직 속에 머물던 이 조직액의 대부분은 다시 모세혈관으로 돌아 들어와 혈액의 액체 성분이 되어 합쳐지지만 조직액 중 약 10~20%는 또 다른 종류의 모세관으로 흡수되어 독자적인 순환을 하게 되는데 이 모세관 속으로 들어가는 액체가 곧 **림프**(lymph)이며 림프를 담은 모세관은 **림프모세관**(lymphatic capillaries)이다. 따라서 순환계통에는 혈액을 순환시키는 혈관계통(blood vascular system)과 림프를 별도로 순환시키는 림프계통(lymphatic system)의 두 순환 경로가 있는데 림프관도 마지막에는 혈관에 합류된다.

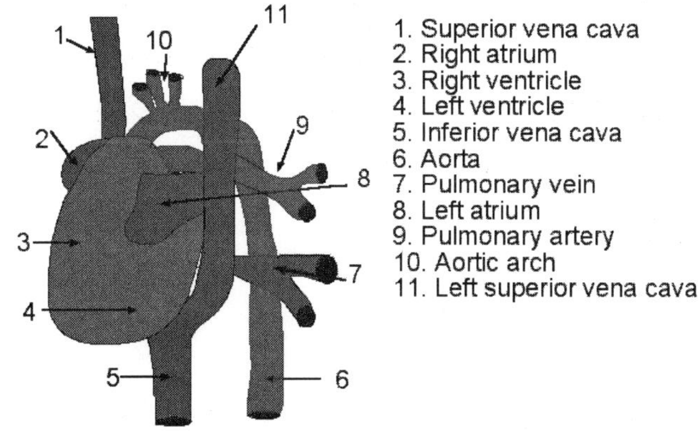

▌그림▌ 랫드의 심장 주위 동맥과 정맥

(1) 혈관계통

순환의 중심 기관이자 혈관계통이 시작되는 곳은 **심장**(heart)이며 여기에 혈관(blood vessels)이 이어져 있다. 혈관은 두 종류로 되어 있는데 심장에서 출발하는 모든 혈관은 **동맥**(arteries)이라고 하고 다시 심장으로 되돌아오는 모든 혈관은 **정맥**(veins)이라고 한다. 동맥과 정맥은 말초에서 모세혈관(blood capillaries)에 이하여 이어지는데 혈액은 심장에서 떠나 다시 심장으로 되돌아올 때까지 계속 혈관이라는 막힌 튜브 모양의 관속을 흘러가게 되며 말초에서 혈액 성분 중의 일부는 혈관 벽에서 스며나가 조직으로 들어갔다가 다시 혈관 속으로 거두어지는 과정을 밟는다. 혈관은 연골(cartilages), 눈의 각막(cornea) 및 피부의 표피(epidermis)를 제외하고는 온몸의 모든 조직에 퍼져 있으며 이 경로를 통하여 소화관에서 흡수한 영양 물질 또는 허파에서 받아들인 산소를 온몸으로 운반하기도 하고 세포에서 신진대사의 결과로 생긴 노폐물을 허파, 콩팥, 땀샘 등으로 운반하여 그 곳을 통하여 몸 밖으로 배설하도록 한다. 이 밖에도 내분비샘 에서 만들어진 호르몬도 이 혈액에 실려 몸의 필요한 곳으로 옮겨진다. 혈액이 심장에서 출발하여 혈관을 따라 돌다가 심장으로 다시 되돌아오는 현상을 **순환**(circulation)이라고 하는데 우리 몸에서 혈관계통은 피가 어디로 도느냐에 따라 두 가지 순환 경로로 구분한다. 하나는 심장에서 출발하여 온 몸의 조직에 펴졌다가 다시 거두어져 심장으로 되돌아오는 경로이고 다른 하나는 심장에서 허파로 갔다가 다시 심장으로 되돌아오는 경로이다. 앞의 것은 **몸순환**(systemic circulation)이라고 하며 심장을 떠날 때는 산소가풍부한 동맥혈을 싣고 나가고 되돌아 올 때는 이산화탄소가 많은 정맥혈이 되어 심장에 되돌아오는 것이고 두 번째 순환은 몸순환 에서 되돌아온 정맥혈을 허파로 보내 산소를 새로이 취하고 이산화탄소는 버리는 가스교환 즉 호흡(respiration)의 과정을 통하여 다시 산소가 많이 실린 혈액으로 바꾸어 심장으로 되돌아오게 하는 순환이어서 이것을 **허파순환**(pulmonary circulation)이라고 한다. 허파순환을 끝낸 혈액은 심장에서 바로 몸순환으로 이어지게 된다.

(2) 동맥

동맥(arteries)은 심장에서 시작하여 말초로 떠나는 혈액을 담고 있는 혈관을 말하며 지금 즉 혈관의 굵기에 따라 대형동맥(large arteries), 중형동맥(medium-sized arteries) 및 소형동맥(small arteries)의 세 가지로 구분된다. 대형동맥(large arteries)에는 심장에서 바로 이어져 나온 대동맥(aorta)과 대동맥이 다시 갈라져 이루는 또 다른 큰 가지인 팔머리동맥(brachiocephlic artery), 온목동맥(common carotid artery), 온엉덩동맥(common iliac artery) 그리고 넙다리동맥(femoral artery) 같은 큰 동맥이 속한다. 이 큰 동맥은 기능적으로는 혈액을 심장에서 먼 곳까지 운반해 가는 것이 중요한 임무로 되어 있다. 중형동맥(medium-sized arteries)에 속하는 것은 대형동맥에 비하여 좀 더 가늘어진 동맥으로서 기능적으로는 최종 목적지인 각 기관에까지 이르게 하는 동맥이다. 중형동맥보다 더욱 가늘어진 것이 소형동맥(small arteries)인데 여기에 속하는 혈관은 흔히 세동맥(arterioles)이라고 불린다. 세동맥은 기능적으로는 한 기관 속에서 세분되어 각 부분에 혈액을 고루 보내는 일을 한다. 혈관의 굵기에 따라 이렇게 나누고는 있으나 실제로 혈관의 고유한 이름은 대동맥을 제외하고는 모두 동맥이란 이름으로 불리어진다(얼굴동맥, 중심동맥 등). 세동맥은 동맥으로서는 가장 마지막이 되며 다음 단계는 모세혈관(blood capillaries)으로 이어진다. 심장에 가까운 동맥일수록 심장에서 밀어내는 압력(혈압)을 이겨내며 심장이 이완될 때 혈관내의 압력을 유지하기 위하여 대동맥은 혈관벽 속에 많은 탄력섬유를 가지고 있고 속공간도 크다. 대동맥을 포함하는 대형동맥이나 중형동맥은 구별이 뚜렷한 세 층의 벽을 가지고 있는데 가장 속은 속막(tunica intima)이고 가운데는 중간막(tunica media), 가장 바깥은 바깥막(tunica adventitia)이라고 한다. 속막의 가장 안쪽은 순환계통의 특징인 내피(endothelium)로 덮여 있고 그 바깥쪽에 결합조직과 탄력섬유로 구성되어 있는 속탄력막(internal elastic membrane)이 있다. 중간막은 탄력섬유와 민무늬근(평활근)섬유가 섞여져 짜여진 비교적 두꺼운 층이고 바깥막과의 사이에는 바깥탄력막(external elastic membrane)이 있다. 대동맥을 제외한 대형동맥의 중간막은 탄력섬유와 근육섬유가 반반 가량이지만 중형동맥에는 근육섬유가 더 많이 있다. 바깥막은 혈관을 가장 밖에서 싸고 있는 연한 결합조직층 으로서 혈관 주위의 결합조직으로 점차 옮겨져 간다.

(3) 모세혈관

모세혈관(blood capillaries)은 굵기가 8-10㎛ 가량의 실핏줄로서 실제로 조직과의 사이에 물질 교환을 하는 곳은 이 모세혈관이고 나머지 혈관은 모두 말초까지 이끌어가는 통로 구실을 한다. 모세혈관은 벽이 매우 얇으며 바닥막(basal lamina)에 의하여 싸인 단층의 내피세포만으로 되어 있어 물질이 혈관 벽을 통하여 쉽게 이동할 수 있다. 모세혈관은 말초에서 갈림과 합쳐짐이 심하게 이루어져 일종의 가는 실핏줄의 그물을 이루고 있어 이것을 모세혈관그물(capillary bed)이라고 부른다. 혈관은 끝으로 가면서 점차 굵기가 가늘어지고 한편으로는 많은 가지로 나누어지기 때문에 약 3㎝ 정도의 굵기를 가진 대동맥은 심장을 떠나 세동맥에 이르는 동안 그 굵기가 약 20-40㎛로 줄고 모세혈관에 이르면 약 4-15㎛ 가량 되지만 모세혈관의 단면을 모두 합치면 그 넓이는 약 4500㎠ 가량 된다. 그러나 모든 모세혈관에 피가 다 차 있는 것은 아니다. 심장에서는 120mmHg이던 혈압도 80-30mmHg로 떨어지며 속도는 큰동맥에서 대략 25㎝/sec이던 것이 모세혈관에서는 10-0.2㎝/sec 정도로 떨어지게 된다. 모세혈관이 어느 특정 기관 안에서 그 혈관속 공간이 넓어진 경우 이런 것을 동굴모세혈관(sinusoidal capillary)이라고 한다.

(4) 정맥

정맥(veins)은 이 속을 지나가는 혈액의 압력이 낮고 흐름의 속도도 느리므로 벽은 동맥처럼 두껍지 않고 탄력성도 적으며 혈관 속공간의 지름은 같은 수준의 동맥보다 크다. 정맥도 굵기에 따라 대형정맥(large veins), 중형정맥(medium-sized veins), 소형정맥(small veins)으로 나누는데 동맥의 경우처럼 서로 사이에 뚜렷이 구별되는 구조를 지니고 있지는 않다. 대형정맥(large veins)에 속하는 것은 몸의 정맥혈이 다 돌고 나서 마지막에 심장으로 되돌아 들어가는 위대정맥(superior vena cava) 및 아래대정맥(inferior vena cava)과 여기로 모여드는 큰 정맥이고 중형정맥(medium-sized veins)은 그 다음으로 가늘어진 정맥인데 팔 다리에서 흔히 볼 수 있는 피부 밑의 정맥이 이 수준의 정맥에 속한다. 소형정맥(small veins)은 동맥의 경우처럼 모세혈관 바로 다음에 이어지는 정맥으로서 흔히 세정맥(venules)으로 불린다. 비교적 큰 정맥 속에는 군데군데 정맥판막(venous valves)이 있어 피의 역류를 방지하고 있는데 이러한 판막은 특히 다리에 많고 일부 목에서도 관찰된다. 정맥은 때로 그 속공간이 매우 넓어져 정맥동굴(venous sinus)을 이루는 경우가 있는데 머리뼈 속에는 이러한 정맥동굴이 많이 있다.

(5) 혈관의 갈림

동맥은 심장에서 멀어져감에 따라 점차 여러 개의 가는 혈관으로 나뉘는데 이 갈라진 혈관을 원줄기 동맥의 가지(branches)라고 부른다. 정맥의 경우는 반대로 가는 혈관이 점점 합류되어 보다 큰 정맥을 이루며 심장을 향해 모여들게 되는데 이 가는 혈관은 보다 굵은 정맥의 지류(tributaries)라고 부르고 있다. 동맥에서 갈라져 나온 어떤 가지는 때때로 원줄기와 나란히 가고 있어 이런 것을 곁가지(collateral branches)라고 하며 보통 때는 순환 통로로 많이 이용되지 않고 있지만 원줄기에 어떤 순환 장애가 있을 때에는 이 곁가지의 경로를 타고 장애가 있는 부위를 피하여 돌아가는 곁순환(collateral circulation)이 이루어진다. 이밖에도 어느 동맥의 가지가 모세혈관으로 바뀌기 전에 주위의 다른 동맥으로부터 오는 가지와 연결되어 있을 경우에는 이것을 교통가지(communicating branches)라고 부른다. 어떤 동맥은 동맥의 끝이 대략 같은 굵기의 가지로 갈라지면서 다른 동맥의 가지와의 교통가지를 가지지 않고 그대로 진행하다가 모세혈관으로 바뀌는 경우가 있어 이러한 동맥을 종말동맥(end arteries)이라고 부른다. 종말동맥은 교통가지가 없기 때문에 그 혈관이 막히게 되면 곁순환에 의한 다른 동맥으로부터의 도움을 못 받으므로 이 동맥이 퍼져있던 부분은 혈액의 공급을 못 받게 된다. 정맥은 때때로 어느 한 장소에서 비슷한 굵기의 정맥끼리 서로 합쳐지는 경우가 있어 이런 것을 정맥연결(venous anastomoses)이라고 하는데 어느 한 평면 위에서 이처럼 합쳐졌다가 다시 나뉘기도 하여 그물 모양을 이루었을 때는 이것을 맥관그물(rete vasculosum)이라고 하고 전체로 얼기설기한 그물이 입체적으로 이루어졌을 때는 이러한 정맥의 뭉치를 **정맥얼기**(venous plexus)라고 부른다. 맥관그물이 동맥으로 이루어진 것은 동맥그물(arterial network), 정맥으로 된 것은 정맥그물(venous network)이라고 구별하여 부른다. 동맥과 정맥은 모세혈관을 사이에 두고 이어지는 것이 보통이나 몸의 특정 부위 주로 손가락과 발가락 끝에서는 가는 동맥과 정맥이 직접 이어지고 있어 이러한 연결을 동정맥연결(arteriovenous anastomoses)이라고 한다.

정상적으로는 온몸에 고루 혈액을 공급하도록 마련되어 있는 것이 혈관이기 때문에 이 통로에 이상이 있어 순환이 순조롭지 않으면 말초에 많은 이상을 가져온다. 이러한 혈관에 오는 병은 매우 흔하다. 막히는 것, 혈관 벽이 터지는 것 등이 대표적인 병변 현상이다. 대부분의 혈관은 한 통로가 막히면 다른 통로를 이용하도록 곁순환(collateral circulation)을 할 수 있도록 되어 있다. 관절을 넘어서 지나가는 큰 혈관은 흔히 관절이 움직임을 나타내게 되면 눌려서 피의 흐름이 순조롭지 않은 경우가 흔하다. 그것을 막기 위하여 이 관절을 중심으로 위아래 즉 몸쪽과 먼쪽의 혈관은 가는 혈관으로 여러 경로로 이어져 있어 막상 큰 동맥의 통로가 눌려지면 이 연결 통로를 이용한 곁순환이 생김으로써 혈액공급을 순조롭게 한다. 그러나 심장의 **심장동맥**(관상동맥 coronary artery)처럼 종말동맥인 경우는 그 통로가 막히면 심장에 공급되던 혈액이 못 가서 치명적인 결과를 가져오는 경우도 있다.

(6) 혈관의 맥관 및 신경

혈관은 그 자신이 혈액을 운반하는 통로이지만 혈관 자체도 여러 조직으로 구성되기 때문에 영양의 보급을 필요로 하고 또한 혈관의 움직임을 위한 신경의 조정이 필요해진다. 큰 혈관의 벽에 있는 맥관벽혈관(vasa vasorum)은 바로 이러한 목적으로 분포되어 있는 혈관으로서 부근에 있는 동맥으로부터 온다. 큰 혈관의 벽에는 림프관도 있다. 혈관 벽에 분포하는 신경은 자율신경의 하나인 교감신경(sympathetic nerves)으로서 혈관 바깥막 에서 치밀한 신경얼기(nerve plexus)를 이루고 있다가 혈관의 중간층인 근육섬유에 와서 분포함으로써 이 근육섬유의 수축으로 혈관은 조여지고 따라서 혈관의 속공간이 좁아지는 상태를 만든다.

(7) 출생전순환과 출생후순환

피를 순환시키는 경로는 출생 이전과 출생 이후가 다르다. 이 차이는 개체 자신이 허파 호흡을 하느냐 하지 않느냐의 차이에서 오는 것으로 허파호흡을 태아 자체가 직접 하지 않고 모체에 의존하는 순환이 **출생전순환**(prenatal circulation)이며 출생한 뒤에는 개체 자신이 직접 허파를 통하여 호흡을 하므로 이런 순환을 **출생후순환**(postnatal circulation)이라고 말한다.

1) 출생전순환(prenatal circulation)

개체가 출생하기 전 태아 시절의 순환 형식을 말하는데 태아의 가스 교환, 영양분의 공급, 대사산물의 교환은 모두 모체의 자궁 속에 있는 태반(placenta)을 통하여 이루어지고 있다. 따라서 태반의 혈관은 태아의 몸순환 혈관과 직접 연결되어 몸순환의 일부를 맡고 있으며 허파순환은 거의 작용을 하지 않는다. 산소가 풍부한 태반 속의 혈액은 배꼽정맥(umbilical vein)을 따라 태아의 몸속으로 들어간다. 간 밑에서 일부 혈액은 간으로 들어가고 대부분의 혈액은 정맥관(ductus venosus)이라는 연결통로를 따라 산소가 거의 소모된 아래대정맥(inferior vena cava)의 혈액과 섞이게 되는데 이 혼합된 혈액은 오른심방(우심방, right atrium)으로 가서 타원구멍(foramen ovale)을 거쳐 왼심방(좌심방 left atrium)으로 넘어가게 되고 다시 왼심실(좌심실, left ventricle)로 내려와 일부는 태아의 대동맥을 따라 온몸으로 돌게 되고 일부는 속엉덩동맥(internal iliac artery)에 이어진 두 배꼽동맥(umbilical arteries)을 지나 다시 태반으로 되돌아간다. 머리, 목 및 팔에서 위대정맥(superior vena cava)을 통하여 되돌아온 산소가 많이 소모된 혈액은 오른심방에서는 아래대정맥에서 올라온 혈액 앞을 가로질러 오른심실로 내려가고 여기서는 허파동맥(pulmonary trunk)을 따라가다가 동맥관(ductus arteriosus)을 통하여 대동맥으로 들어간다. 따라서 호흡운동을 하지 않는 허파로는 거의 혈액이 가지 않는다. 따라서 배꼽정맥, 정맥과, 타원구멍, 배꼽동맥, 동맥관은 모두 출생전순환을 하는 태아에서만 볼 수 있는 구조물이고 출생 후에는 모두 막히게 되는 것이 정상이다. 그 중 배꼽정맥과 배꼽동맥은 태반과 태아를 연결하는 탯줄 속의 혈관이고 정맥관, 타원구멍 및 동맥관은 태아 몸 속에서 다른 혈관으로 바로 이어지는 연결통로(사잇길)이다.

2) 출생후순환(postnatal circulation)

태어난 뒤의 순환 형식을 말하는 것으로 출생전순환에서 출생후순환으로 바뀌는 것은 출생 직후 첫 숨을 쉬면서 시작된다. 출생하자마자 의사는 우선 탯줄(umbilical cord)을 묶게 되는데 태반에서 배꼽으로 오가던 혈관이 이렇게 묶여짐에 따라 대동맥의 압력이 높아지고 핏속의 이산화탄소 농도도 높아져 이것이 뇌의 호흡중추에 작용하여 허파호흡을 촉진시키는 역할을 하고 이 과정에서 허파는 늘어나면서 허파에서의 저항도 줄게되어 허파순환(pulmonary circulation)이 시작된다. 첫 숨은 첫 울음으로 시작되는데 이 때 허파호흡과 동시에 허파순환도 시작된다. 허파에서 되돌아오는 혈액이 많아짐에 따라 왼심방(좌심방)의 압력이 높아지고 따라서 기계적으로 타원구멍은 막히게 되며 정맥관과 동맥관은 주로 벽에 있는 근육의 당김에 따라 막히게 되어 본격적인 출생후순환의 경로가 생기게 된다. 태아 시절에만 있던 독특한 순환경로가 출생하면서 막히게 되는 것이 정상적인 발생 과정인데 이것이 막히지 않은 채 열려있게 됨으로써 여러 가지 이상이 올 수 있다. 이것은 출생한 뒤에야 발견되는 것으로 막혀야 할 통로가 열려 있음으로 해서 동맥으로 정맥혈이 흘러 들어가든가 정맥으로 동맥혈이 들어가는 경우가 생겨 허파에서 산소를 충분히 받아들이더라도 동맥으로는 산소가 풍부한 피가 돌지 못하므로 여러 가지 증세가 나타나게 된다. 대표적인 증세의 하나로 입술이 파래지는 청색증을 꼽을 수 있다.

(8) 림프계통

림프계통(lymphatic system)은 몸의 말초에서 **림프**(lymph)라고 하는 액체를 심장으로 거두어들이는 순환장치로서 혈액을 운반하는 혈관계통과 더불어 순환계통의 한 부분을 이룬다. 전체적인 순환 경로를 볼 때 림프계통은 혈관계통의 동맥에 해당되는 부분은 없고 정맥에 해당되는 경로만을 가지고 있는 것이 특징이며 림프계통도 마지막에는 혈관계통인 정맥에 합류된다. 림프계통은 온몸 조직 속에 널리 퍼져있는 얇은 벽의 **모세림프관**(lymphatic capillaries)과 좀 더 굵어진 **림프관**(lymphatic vessels) 그리고 림프조직이 뭉쳐진 구조물인 **림프절**(lymph nodes)로 구성된다. 말초에서 림프관은 혈관과는 교통이 되지 않지만 대개의 경우는 정맥과 평행을 이루며 나란히 심장을 향하여 가다가 중간에 몇 개의 림프절을 거치고 점점 굵어져 마지막에는 목 아래 좌우 양쪽에서 정맥에 합쳐진다. 모세림프관(lymphatic capillaries)은 각 기관의 결합조직 속에서 가늘고 끝이 뭉툭한 막힌 관(blind tube)으로 시작되는데 일반적으로 말단 조직에는 광범한 림프모세관의 그물이 이루어져 있다. 모세림프관의 벽은 혈관의 모세관처럼 얇고 납작한 내피세포(endothelial cells)로 되어 있어 이 곳을 통해 조직액이 림프관 속으로 들어오게 된다. 여러 개의 모세림프관이 합쳐지면서 이루는 것이 림프관(lymphatic vessels)인데 이 림프관도 실제로는 매우 가늘어 머리카락 정도의 굵기밖에는 안 된다. 말초에서 중추로 가는 림프관은 대략 두 가지 경로를 택하는데 팔다리나 몸 속 장기에서 시작되는 림프관은 흔히 깊은 곳에 위치하는 동맥이나 정맥을 따라가는 경로를 취하기 때문에 깊은림프관(deep lymphatic vessels)이라고 하고 다른 하나는 피부 바로 밑에 있는 얕은층 정맥을 따라서 지나가기 때문에 얕은림프관(superficial lymphatic vessels)이라고 하는데 이 두 림프관은 서로 잦은 교류를 가진다. 림프관은 심장을 향하여 가면서 다시 여러 개가 모여 좀 더 굵은 림프관줄기(lymphatic trunks)를 이루고 이들이 합쳐져 마지막에는 가장 큰 두 줄기 즉 오른림프관(right lymphatic duct)과 가슴림프관(thoracic duct)이 되어 각각 오른쪽과 왼쪽의 속목정맥(internal jugular veins)과 빗장밑정맥(subclavian veins)이 만나는 곳에서 정맥에 합류하게 된다. 림프관 속에는 림프가 거꾸로 흐르는 것을 방지하기 위한 많은 림프관판막(lymphatic valves)이 있는데 판막이 있는 곳은 좀 더 굵어져 있어 바깥에서 볼 때 림프관 전체가 긴 염주처럼 볼록볼록해 보인다. 림프관은 그 경과 도중에 림프절(lymph nodes)이라고 하는 작은 림프기관을 거치게 되는데 모든 림프는 말초에서 정맥에 합쳐지기 전까지 가는 도중에 반드시 이 림프절을 거치게 되므로 림프절은 일종의 생물학적인 거름장치 역할을 한다고 볼 수 있다. 왜냐하면 림프관 속을 흐르는 곳은 림프이지만 그 속에는 말초 부분에서 들어온 세균이나 암세포 등도 이 경로를 타고 이동되므로 림프절에서 일단 걸리게 되지만 실제로는 이 곳을 지나 다음 림프절로 옮겨가는 경우가 자주 있다. 대개의 경우 림프절은 여러 개가 무리를 지어 위치하고 있으며 크기도 1-20㎜로 매우 다양하다. 림프절로 들어가는 림프관을 들림프관(afferent lymphatic vessels)이라고 하는데 여러 개의 림프관이 림프절 표면의 여러 곳을 뚫고 들어간다. 림프절에서 다시 나오는 림프관은 날림프관(efferent lymphatic vessels)이라고 하며 림프절의 한쪽에 오목하게 들어간 문(hilum)을 통하여 두세 개가 나온다.

8. 신경계

신경계는 중추신경계와 말초신경계로 나누어지며 감각과 운동신경으로 구분될 수 있다. 뇌신경 분야의 연구가 활발히 진행되면서 연구의 도구로 사용되고 있는 실험동물의 신경계 해부 구조에 대한 관심도 높아지고 있으며 최근에는 랫드와 마우스의 뇌를 연속 절편하여 위치별 구조도를 제공하는 해부도부가 제공되고 있을 정도이다.

(1) 중추신경계

중추신경계는 뇌와 척수로 이루어진 것으로, 말초신경(구심성 신경)을 통해 받아들인 정보를 종합하여 분석과 판단을 하고 조정한 후 다시 말초신경(원심성 신경)을 통해서 말단 기관에 명령을 전달하는 사령탑 같은 곳이다.

뇌와 척수는 대단히 중요하고 연약하기 때문에 두 개강과 척주관 속에 보호되어 있고, 그 표면은 모두 수막이 싸고 있다. 그리고 뇌와 척수에는 신경세포들이 모여 있는 회백색의 회백질과 신경섬유만으로 이루어진 백색의 백질이 있다. 특히, 뇌의 백질 속에 매몰되어 있는 회백질덩어리를 신경핵이라고 한다. 신경섬유가 같은 곳에서 시작하여 똑같은 목적지로 가기 위하여 다발로 뭉쳐져 있는 상태가 신경로이다.

(2) 말초신경계

말초신경계는 중추와 전신의 각 기관 사이를 연결하고 있으면서 자극을 원심성 또는 구심성으로 전달하는 신경계통으로, 중추에 연결되는 말초신경과 신경의 경로 중에 존재하는 신경총 및 신경절로 구성되어 있다.

말초신경은 신체의 말단인 감각기관이나 감각수용기와 중추신경 또는 중추신경과 말단의 효과기관을 이어 주는 전신의 통신망과 같은 것으로, 체신경(뇌신경, 척수신경)과 자율신경으로 나누어진다. 그리고 신경총은 신경이 경과 중에 갈라지거나 근처에 있는 다른 신경과 합쳐지면서 얼기설기한 계통을 이루는 것으로, 이곳을 통해 다른 곳에서 오는 신경과 섬유를 주고받는다. 또, 신경절은 신경의 경로 중이나 신경을 이루기 직전의 부분인 신경근의 중간 망울처럼 부풀어진 구조물로, 중추신경의 신경핵처럼 신경세포체가 많이 모여 있고, 기능에 따라 감각신경절과 운동신경절로 구분된다.

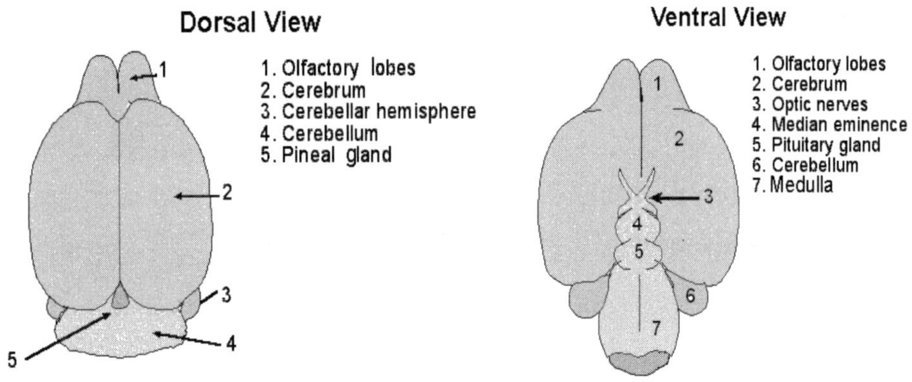

▌그림▐ 랫드의 뇌 배측면(좌측)과 복측면(우측)

II 동물 종에 따른 구조 차이

학습목표 instructional objectives

1. 동물 종간 비교해부학적 차이를 이해할 수 있다.
2. 동물 종간 기능의 차이를 설명할 수 있다.

1. 비교해부학 (Comparative anatomy)

동물간의 해부학적 차이를 비교하여 알아보는 것을 비교해부학이라고 한다. 각 동물의 특징을 파악하는 방법으로 비교해부학은 매우 중요한 도구로 사용될 수 있다.

피부에 있는 땀샘은 사람과 말은 매우 발달되어있으나, 랫드와 고양이 및 개는 발달되어 있지 않다. 땀샘이 발달되지 않은 동물은 체온조절을 호흡수의 증가에 의한 열 발산에 의존한다. 감각점은 피부에 분포하지만 어류는 측선으로 불리는 몸체 양측에 집중되어있다. 피부호흡은 사람은 전체 호흡량의 1/180 정도로 호흡의 적은 역할을 담당하지만, 개구리, 도롱뇽은 30%, 연체동물과 같은 하등동물은 호흡량의 100%를 의존한다.

골격은 대부분의 포유류에 공통적인 뼈대 역할을 하지만 구성 뼈의 수와 종류가 조금씩 차이가 난다. 경추골은 포유류는 7개이지만 조류는 12-18개이다. 쇄골은 마우스, 랫드, 원숭이, 사람에서 발달되어있지만 토끼에서는 퇴화되어있고 개와 돼지는 없다. 보행 착지에 사용되는 뼈는 돼지는 셋째 앞발가락 뼈와 셋째 뒷발가락 뼈, 개는 첫째, 둘째, 셋째 앞발가락 뼈와 첫째, 둘째, 셋째 뒷발가락 뼈, 마우스, 랫드, 토끼는 첫째, 둘째, 셋째 뒷발가락 뼈와 뒷발목뼈 이하 뼈, 사람의 경우는 뒷발목뼈 이하 뼈이다.

치아는 일생동안 영구치를 가지는 **불변성치아**(마우스, 랫드, 햄스터, 기니픽)와 유치에서 영구치로 바뀌는 **이생치아**(diphyodont; 토끼, 개, 고양이, 돼지, 면양, 원숭이, 사람) 와 여러 번 바뀌는 **다생치아**(polyphyodont; 파충류)가 있다.

▌표▐ 동물과 사람의 치식

동물종	J	C	P	M	동물종	J	C	P	M
마우스	1	0	0	3	개	3	1	4	2
	1	0	0	3		3	1	4	3
랫드	1	0	0	3	고양이	3	1	3	1
	1	0	0	3		3	1	2	1
햄스터	1	0	0	3	돼지	3	1	4	3
	1	0	0	3		3	1	4	3
기니픽	1	0	1	3	원숭이	2	1	2	3
	1	0	1	3		2	1	2	3
토끼	2	0	3	3	사람	2	1	2	3
	1	0	2	3		2	1	2	3

* J : 절치, C : 견치, P : 전구치, M : 후구치

위(stomach)는 **단위**(마우스, 랫드, 토끼, 사람 등)와 **복위**(면양, 산양, 소, 사슴 등의 반추류)로 나누어지며, 복위에서 **제4위가 소화액 분비를 하는 실제 위이다. 분문샘은 마우스, 랫드, 햄스터, 돼지 등에서 넓게 분포**되어있고 고양이, 면양, 토끼, 개, 사람에서는 분포가 적다. 유문샘은 고양이, 돼지, 사람에서 분포가 넓게 되어있다. **장관길이는 초식동물이 육식동물보다 길다.** 체장과 장관길이는 마우스, 랫드는 1:9, 개 1:5, 고양이 1:4, 돼지 1:15, 면양 1:25, 사람 1:6이다. 맹장은 초식동물이 육식동물보다 길고, 조류와 포유류가 발달되어있으며, 파충류, 양서류는 작고 어류는 없다. 토끼의 맹장은 나선형으로 내부는 주름 발달로 계단모양, 설치류 무균동물은 맹장이 발달되어있으며 충수는 토끼, 원숭이, 사람에서 볼 수 있다.

담낭은 마우스, 사람, 대부분의 포유류에서 볼 수 있으며, **랫드, 말, 사슴, 낙타, 코끼리는 담낭이 없다.** 췌장관은 토끼, 고양이, 돼지, 사람은 1개이고, 마우스, 랫드, 개는 2개이다.

포유류, 조류는 2심방 2심실이고, **파충류, 양서류**는 2심방1심실이고 어류는 1심방1심실이다.

성숙 포유류는 적혈구의 핵이 없는데 **포유류 태아, 조류, 양서류, 파충류, 어류는 적혈구에 핵이 있다.** 적혈구의 수명은 랫드 50-60일, 토끼 50-70일, 개, 사람 120일이다.

수컷의 부생식선인 정낭은 토끼는 주머니 모양이고 마우스와 랫드는 샘포 형태이며, 개, 고양이는 정낭이 없다. 요두망울샘은 돼지는 발달되어있으나 개는 없다. 마우스와 랫드는 응고샘이 있다.

2. 동물종의 특성

(1) 생애

① 동물의 수명과 노화연구는 밀접한 관련이 있다.

② 동물의 임신기간 태아 발생의 시기에 차이가 있다.

㉠ 태생기(착상전기−중요기관형성기−태아성장기)−포유기−유약기−청년기−성인기−노화기

㉡ 착상전기 : 개의 착상전기는 길어 수정난 발달 과정 연구에 적합하다.

㉢ 기관형성기 : 기형발생 연구, 태아성장기: 원숭이는 길고 설치류는 짧다.

③ 분만시 성숙정도: 조숙(기니픽), 만숙(생쥐,흰쥐) 및 계절번식과 주년번식이 있다.

④ 산자수와 단태/다태 동물의 차이가 있다.

⑤ 원숭이 속간 차이와 염색체의 동물종간 차이가 있다.

⑥ 자궁형태가 종간 차이로 반상, 대상, 산재성, 궁부성 자궁이 있다.

(2) 골격

① 추골(경추, 흉추, 요추, 천추, 미추)수의 동물종간 차이

㉠ 포유동물 7개 경추, 흉추와 미추에서 차이 심함

㉡ 원숭이류의 추골수 변이 − 생활공간과 관련

② 상/하악골의 차이 치아의 차이

㉠ 초식류중 반추류는 상악절치가 없다.

㉡ 토끼는 설치류와 다른 치식을 가지고 있다.

㉢ 구치상면이 초식류는 움푹하나 육식류는 작고 볼록하다.

㉣ 영장류의 치식 차이가 있다.

(3) 내장

① 성장곡선

㉠ w = A−Be−kt(절대성장과 상대성장 allometry) 사람의 성장곡선의 유형 general, neural, genital, lymphoid type성숙체중과 장기중량 – 동물간 차이

㉡ 몸이 크면 장기 중량이 크다.

㉢ 뇌의 중량은 영장류에서 크다 – 뇌신경 발달 정도와 대응

㉣ 운동량이 많은 종에서 호흡, 순환계 기관의 중량이 크다.

② 각 장관의 길이가 동물별 차이

초식류는 육식류보다 길고, 초식류는 맹장이 잘 발달

③ 위의 비교

㉠ 반추류는 복위를 가지고 있다

㉡ 단위동물은 위식도부가 차지한 비율이 동물 종에 따라 차이가 있다.

④ 폐의 비교

포유류와 조류 간 차이 – 분엽형태에서 차이

⑤ 뇌의 비교

㉠ 동물에 따라 형상에 차이

㉡ 취구의 비율과 진화와 관련

㉢ 뇌의 크기와 용량의 차이

⑥ 심장의 비교

㉠ 어류(1실1방), 양서류, 파충류(2방1실), 조류, 포유류(2방,2실*완전심장) 심장의 형태와 흉곽내 위치에서 동물종간 차이

㉡ 심장크기와 몸의 크기는 비례

㉢ 조류와 빠른 운동 동물의 경우 심장이 크다 – 생활환경과 개체 운동량에 따라 차이

⑦ 관상동맥의 심실표면에 분포, 좌우 관상동맥의 지배부위, 세동맥 수준 에서 문합정도 차이 미니돼지의 유사성, 돼지 모델(atherosclerosis 자연발증) 심장 판막의 구조 차이

㉠ 포유류의 방실판은 2-3개로 건막성첨판, 건삭에 의해 유두근에 연결

㉡ 조류 방실판은 우방실판이 근육성판으로 수축능이 있음 심장내부 유두근 위

치

㉢ 설치류(심실중격), 개, 고양이, 원숭이(심실중격 심천부, 개체중 우심실 유리벽에 걸쳐 있음). 소, 말, 양, 친칠라, 돼지(심실중격 동맥하 유두근 기부와 심실유리벽의 대유두근 기부를 가로지르는 횡삭 있음)자극 전도계 (동발결절–심방–방실결절–his속 –좌우각– 퍼킨예섬유–심실근)조류는 방실전도 구조가 복잡하여 주계와 부계(Purkinje ring)로 구성

㉣ 심전도(p파–심방흥분, QRS파–심실흥분, T파–흥분의 쇠퇴)에서 동물종간 차이

㉤ 쌍극유도(심첨–심저)에 의한 QRS파형 형(사람, 원숭이, 개, 흰쥐, 생쥐), rS/QS(조류, 유제류), Rs형(파충류, 냉혈동물)

(4) 뇨

① 경로 : 조류는 총배설강으로 분과 뇨를 배설하지만 포유류는 별개 경로를 가지고 있다.

② 농도 : 담수산 동물은 혈액보다 저장, 해수산은 등장, 육생동물은 고장이고 소량이다. 일일 배뇨량은 몸의 크기에 비례

③ 수분공급이 적은 동물은 요산, 풍부한 동물은 요소, 수생동물은 암모니아를 배설한다. 초식류는 알칼리고 점조도가 높은 뇨, 식육류는 산성이고 특유한 냄새의 뇨를 배설한다.

(5) 혈청

① 혈청의 생화학 성상은 성, 연령, 사료성분 및 계측방법에 따라 달라진다.

② 조사항목 : 단백질총량, 알부민과 글로부린 양, glucose, 총지질, 총콜레스테롤, 크레아틴, 요산, 나트륨, 칼슘, 칼륨, 인, 염소

(6) 혈액

- 조사항목 : RBC, WBC, PCV(적혈구용적비), Hb, 혈소판, fibrinogen, MCV(평균 혈구용적), MCH(평균 혈구색소량), WBC 분포(호중구, 임파구, 단구, 호산구, 호염구)

(7) 임상소견

심박수, 혈압, 호흡수, 체온은 연령, 외부환경, 동물 상태에 따라서 차이

① 심박수와 호흡수는 몸이 크면 적고 작으면 많다 발열 시 호흡수와 심박수가 동시에 증가

② 체온의 차이(변온동물-파충류, 양서류, 어류 항온동물-조류, 포유류)체온의 일주기성 오후 2~3시에 정점

③ 혈압(=말초혈압) : 사람- 간접측정법, 동물-직접계측법

(8) 유방과 유즙의 성분

① 초유 : 동물의 종류에 따라 차이가 있으나 대부분의 동물은 분만 후 일정 기간 나오는 젖에는 병원체를 방어할 수 있는 면역글루블린 성분의 모체이행항체가 높은 농도로 나온다. 갓 태어난 새끼 동물들은 어미의 초유를 충분히 먹는 것이 질병의 예방을 위해 매우 중요하다. 사람과 영장류의 경우에 임신기간에 태반을 통하여 대부분의 모체이행 항체가 자궁 내 태아에 전달되기 때문에 초유의 중요성은 다른 동물에 비교하여 떨어진다.

② 유방의 수와 위치 : 다태동물과 단태동물 차이, 평균 산자수가 많은 동물일수록 유두의 수가 많다.

③ 유두 좌우 대칭, 단태(1-2쌍), 다태(8-13쌍) 비유량은 모체상태와 연관

④ 이유시기의 동물종간 차이

▌표▌ 동물의 유두수

동물종	유두수	동물종	유두수
개	10	햄스터	12~14
고양이	8	기니픽	2
토끼	8	마우스	10
돼지	12~18	랫드	12

04
Chapter

스페셜 터치 기본 손동작

Main Special Touch Technique

나는 인간의 권리만큼 동물의 권리도 소중하게 생각한다.
그것이 모든 인류가 나아가야 할 길이다.
"개와, 고양이를 제대로 대접해주지 않는 인간의 종교"에는
나는 별 흥미가 없다.

– 에이브러햄 링컨
(미국의 16번째 대통령)

I 스페셜 터치 기본 손동작

학습목표 instructional objectives

1. 스페셜 터치를 하기 위한 10가지 기본 손동작에 대해 알아보자.

1. 스페셜 터치를 위한 10가지 기본 손동작

(1) Rubbing Special Touch – 피자반죽 스페셜 터치

- 반려동물의 신체 부분을 탐색하고, 정확한 Special Touch가 들어갈 수 있도록 하는 touch이다.
- 손바닥을 뻗으며 문지르는 듯한 동작이다.

(2) Knocking Special Touch – 피아노 스페셜 터치

- 반려동물(개)의 몸을 따뜻하게 해주는 Special Touch이다.
- 손가락 끝을 이용해 마치 피아노를 치는 듯, 톡톡 가볍게 치는 Special Touch 방법이다.

(3) Half moon Special Touch – 반달 스페셜 터치

- 반려동물(개)의 몸을 따뜻하게 해주는 Special Touch이다.
- 알파벳 대문자 C 모양, 그리고 그 반대 모양을 나타낸다.
- 몸짓이 작은 반려견에게 Half moon Special Touch를 하는 경우라면, 손가락 끝이나, 엄지손가락을 이용해서 touch를 해주면 된다.

(4) Lining Special Touch – 명탐정 스페셜 터치

- 반려동물의 신체 부분을 탐색하고, 정확한 Special Touch가 들어갈 수 있도록 하는 touch이다.
- 보통 한 개의 손가락을 이용해서, 위 아래로 선을 그리듯 움직인다.
- 신체 탐색이 끝났으면 바로 그 부분에 holding pressure Special Touch를 해준다.

(5) Holding pressure Special Touch – 침술사 스페셜 터치

- 직접적인 마사지를 해야 하는 부분에 사용하는 Special Touch이다.
- 엄지손가락이나 손가락을 이용해서 하는 touch 방법이다.
- 가볍게 10초, 중간 압력으로 15초, 그리고 강한 압력으로 20초를 유지해 주고, 근육이 원상태로 돌아올 수 있도록 휴식 기간을 갖는다.

(6) Serration Special Touch – 톱니 스페셜 터치

- 반려동물의 신체 부분을 탐색하고, 정확한 Special Touch가 들어갈 수 있도록 하는 touch이다.
- 늘 강한 압력으로 touch를 해준다.
- Holding pressure Special Touch를 해주기 전에 실행하는 Special Touch이다.
- 여러 개의 톱니 모양을 그리듯 마사지를 해주면 된다.
- Stepping Special Touch + Lining Special Touch

(7) Communion Special Touch – 눈 맞춤 스페셜 터치

- 마사지 도중, 사랑하는 반려견에게 눈 맞춤을 하며 견주의 마음을 표현하는 방법이다.
- communion Special Touch를 할 때에, 눈은 반려견에게 맞추시고, 두 손은 반려견의 골반 부위에 살며시 올려준다.

(8) Stepping Special Touch – 훌라후프 스페셜 터치

- 뭉친 근육을 풀어주는 Special Touch이다.
- Holding pressure Special Touch를 해주기 전에 실행하는 Special Touch이다.
- 늘 강한 압력으로 touch를 해준다.
- 보통 엄지손가락을 이용하여, 좌–우로 선을 그리듯 움직여준다.

(9) Relaxation Special Touch – 코골이 스페셜 터치

- 마사지 도중, 혹시나 긴장했을 반려견에게 휴식을 줄 수 있는 Special Touch 방법이다.
- 반려견이 만지는 걸 싫어하는 특정 신체 부분을 마사지 해줄 때 가장먼저 해주는 Special Touch 방법이다.
- 늘 약한 압력으로 touch를 해준다.
- 보통 손바닥 전체를 이용해, 반려견의 털 반대 방향으로 쓰다듬어 주면 된다.

(10) Pinching Special Touch – 포크 스페셜 터치

- 엄지와 검지를 이용해, 다양한 압력으로 꼬집는 듯한 손동작을 취하는 Special Touch 방법이다.
- 몸 독소 제거 및, 죽은 털 제거, 그리고 지방 분해 효과를 기대해 볼 수 있는 Special Touch 방법이다.

II 통증의 종류

학습목표 instructional objectives

1. 통증의 종류에 대해서 알아본다.

통증정도란?

①	②	③	④	⑤	⑥	⑦	⑧	⑨	⑩
☺				😐	☹		☹☹	☹💣	☹☠

① 아프지 않은 상태 ☺

④ 동적인 취미 생활(조깅, 수영, 배드민턴 등) 등을 가볍게 그리고 잠깐이라도 할 수 없는 상태

⑥ 나가서 활동할 수 없는 상태

⑧ 일상생활이 불가능한 상태

⑨ 출산, 요로 결석 등

⑩ 불에 타는 고통

당신의 반려동물의 통증정도? (스스로 진단해 볼 것)

①	②	③	④	⑤	⑥	⑦	⑧	⑨	⑩

Main Special Touch Pressure

①	②	③	④	⑤	⑥	⑦	⑧	⑨	⑩

반려동물에게 행하는 Special Touch Pressure ②~③의 상태라고 볼 수 있다. 약간의 통증이 있어야 하지만, 너무 극심한 통증을 줘서도 안 된다.

III 반려견의 골격 및 명칭

학습목표 instructional objectives

1. Special Touch를 위해 반려견의 골격 및 명칭에 대해 알 고 있다.

1. 반려견의 골격 및 명칭(Bones of the Dog)

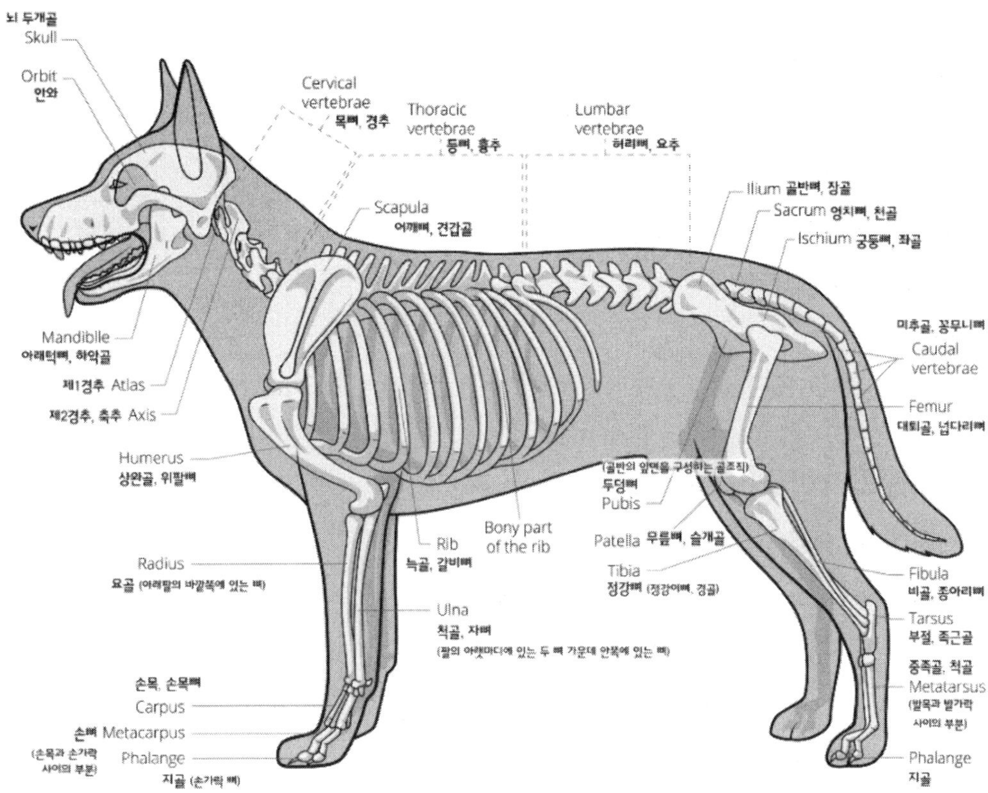

(1) 반려견의 골격 및 명칭

skull – 뇌 두개골

orbit – 안와

mandible – 아래턱뼈, 하악골

cervical vertebrae – 목뼈, 경추

thoracic vertebrae – 등뼈, 흉추

scapula – 어깨뼈, 견갑골

lumbar – vertebrae 허리뼈, 요추

ilium – 골반뼈, 장골

sacrum – 엉치뼈, 천골

ischium – 궁둥뼈, 좌골

atlas – 제 1경추

axis – 제 2경추, 축추

humerus – 상완골, 위팔뼈

radius – 요골(아래팔의 바깥쪽에 있는 뼈)

carpus – 손목, 손목뼈

metacarpus – 손뼈(손목과 손가락 사이의 부분)

phalange – 지골(손가락 뼈)

rib – 늑골, 갈비뼈

ulna – 척골, 자뼈(팔의 아랫마디에 있는 두 뼈 가운데 안쪽에 있는 뼈)

pubis – 두덩뼈(골반의 앞면을 구성하는 골조직)

patella – 무릎뼈, 슬개골

tibia – 정강뼈(정강이뼈, 경골)

caudal vertebrae – 미추골, 꽁무니뼈

femur – 대퇴골, 넙다리뼈

fibula – 비골, 종아리뼈

tarsus – 부절, 족근골

metatarsus – 중족골, 척골 (발목과 발가락 사이의 부분)

phalange – 지골

05

Chapter

스페셜 터치 I

Method Main Special Touch Technique

I. 15가지 스페셜 터치 기본 마사지 방법 I

살아있는 모든 생명체에 대한 사랑은
인간의 가장 숭고한
본능이다.

– 찰스 다윈
(생물진화론을 정하여 뜻을 세운 영국의 생물학자)

I 15가지 스페셜 터치 기본 마사지 방법 I

학습목표 instructional objectives

1. Special Touch를 위해 반려견의 골격 및 명칭에 대해 알 고 있다.

Main Special Touch Technique Special Touch 배우기

Special Touch 1

목뼈, 경추 Special Touch, Atlas Vertebrae

★ special touch 시작 부위

귀 뒤 base → 뒷머리 가운데 사이(후두골)까지 가볍게 그리고 중간 압력으로 Lining special touch 한 뒤, 세게 가는 압력에서 Holding pressure special touch를 3단계로 시작 한 뒤, pinching special touch 중간 압력으로 귀 뒤로 내려온다.

● Holding pressure special touch 3단계

light for 10sec, moderate for 15sec, heavy for 20 sec

Lining(L,M,H) HO(L,M,H) Pin(M)

Special Touch 2

자오선 special touch (목뼈 - 꽁무니뼈), Urinary Bladder Meridian

★ special touch 시작 부위

목뼈에서 시작해서 → 꽁무니뼈 까지 Lining special touch를 세 단계로 실행 한 뒤, 골반 뼈 위에 두 손을 올려, communion special touch를 통해 충분히 교감.

● 척추를 직접 지압하지 말고 척추 1cm 밑에서 touch!

Lining(L,M,H) – no come back, Com

Special Touch 3

목뼈 인대 및 경추 special touch, Cervical Ligament

★ special touch 시작 부위

목뼈 아래에서 시작해서 → 목뼈 대각선 방향으로 Half moon special touch를 세 단계로 실행 한 뒤 → Lining special touch 단계별 → 세게 가는 압력에서 Holding pressure special touch를 3단계 후 → Stepping special touch → Half moon special touch로 시작점으로 내려온다.

● **Stepping special touch는 늘 강한 압력으로!**

H*M(L,M,H), Lining(L,M), HO(L,M,H), Stepping(H), H*M(H)

Special Touch 4

하악골 special touch, Mandible

★ special touch 시작 부위

주둥이 앞 하악골에서 시작하여 → 턱 끝까지(3 part)

Lining special touch 단계별

Half moon special touch를 단계별

Lining special touch + Half moon special touch = 1set

● **1 set를 안와 밑까지 세 부분의 파트로 나눠서 실행**

Lining(L,M,H), H*M(L,M,H) × 3times

Special Touch 5

견갑골, 어깨뼈 special touch, Shoulder groove(Scapula)

★ special touch 시작 부위

어깨뼈 밑, 가운데에서 Lining special touch를 단계별 → 세게 가는 압력에서 Holding pressure special touch를 3단계 후 → 손을 펼 쳐 시작점으로 내려온다.

● **어깨뼈와 같은 방향으로 touch!**

Lining(L,M,H), HO(L,M,H), Warming

Special Touch 6

승모근(어깨와 목의 넓고 평평한 삼각형 근육) special touch, Trapezius

★ special touch 시작 부위
어깨 뼈 위에서 시작해서 → 아래로 뼈 전체를 가볍게 이완(Pull–release–slide) → Knocking special touch 세 단계 실행 한 뒤 → 엄지손가락으로 Half moon special 세 단계 실행 → Serration special touch + Stepping special touch+ Holding pressure special touch를 3단계 후 → Half moon special touch로 마무리

● **Serration special touch는 늘 강한 압력으로 이완.**
Knocking(L,M,H), H*M(L,M,H), Serration(H) + Stepping(H), HO(L,M,H), H*M(H)

Special Touch 7

견갑골–상완골 special touch, Scapula–Humerus

★ **special touch 시작 부위 : 견갑골에서 상완골까지 « 방향으로 touch!**
상완골 아래 뼈에서 견갑골 위까지 두 엄지손가락을 이용해서 Half moon special 세 단계 실행 → 한손으로 Lining special touch를 세 단계 실행 → Pinching special touch 세 단계 실행 한 뒤 → Half moon special touch로 마무리

● **Half moon special touch를 할 때 두 엄지손가락!**
H*M(L,M,H), Lining(H,M,H), Pin(L,M,H), H*M(H)

Special Touch 8

가슴 앞부분 흉근 special touch, Anterior Pectoralis

★ special touch 시작 부위
반려견의 앞 두 다리 사이로 한 손을 넣어, 목젖 아래에서 Knocking special touch 세 단계 실행 → Pinching special touch 세 단계 실행 한 뒤 → Rubbing special touch 실행 → 세게 가는 압력에서 Holding pressure special touch를 3단계 후 → Knocking special touch로 마무리

● **Rubbing special touch를 할 땐 피자 반죽 하듯이!**
Knocking(L,M,H), Pin(L,M,H), Rub(L,M,H), HO(L,M,H), Knocking(H)

Special Touch 9

안와 special touch, Orbit

★ special touch 시작 부위
두 손으로 반려견의 얼굴을 잡은 상태에서, 엄지손가락은 반려견의 눈 위에 살포시 놓은 뒤, rolling 즉 가볍게 굴리기를 10~15번 실행 → 눈 밑 안 뼈에서 바깥 방향으로(안–바깥–안) rolling × 5 times → 눈 위 안 뼈에서 바깥 방향으로(안–바깥–안) rolling × 5 times → 눈 위에서 rolling으로 10~15번 실행

● **눈 위에서 rolling 할 경우, 매우 약하게!**
Rolling(★L), 안와 아래 뼈(L), 안와 위 뼈(L), Rolling(★L)

Special Touch 10

귀 special touch, Ear part

★ special touch 시작 부위
반려견의 얼굴을 마주 본 상태에서, 귀 뒤 base에서 귀 top까지 Lining special touch(M). 귀 한쪽 당 다섯 부위로 나누어, Lining special touch 단계별 실행

● Lining special touch할 때 no come back!
Lining(L, M, H)

Special Touch 11

견갑골 윗부분 (반원모양) special touch, Splenius

★ special touch 시작 부위

● Lining special touch할 때 no come back!
Lining(L, M, H)

Special Touch 12

앞다리 오른쪽 라인 부분 Right Side Line special touch

★ special touch 시작 부위
견갑골부터 지골 끝까지 앞다리 오른쪽 라인에 엄지와 검지를 이용해서 한 방향으로만 Pinching special touch 실행(L,M,H)

● Pinching special touch할 때 no come back!
Pin(L, M, H)

Special Touch 13

앞다리 왼쪽 라인 부분 Left Side Line special touch

★ special touch 시작 부위
견갑골부터 지골 끝까지 앞다리 왼쪽 라인에 엄지와 검지를 이용해서 한 방향으로만 Pinching special touch 실행(L,M,H)

● Pinching special touch할 때 no come back!
Pinching(L, M, H)

Special Touch 14

상완골 오른쪽 라인 부분 Humerus Right Side special touch

★ special touch 시작 부위 : 상완골 아래에서 상완골 위 방향으로 touch!
상완골 아래에서 상완골 위까지 half moon special touch 엄지손가락을 이용해서 세 단계 실행 → Lining special touch를 세 단계 실행 → Holding pressure special touch를 3단계 후(안) + Stepping special touch(안, H) → Half moon special touch로 마무리

● Half moon special touch를 할 때 한 엄지손가락!

● Holding pressure special touch를 할 때 안쪽으로 손 넣어서 실행
H*M(L, M, H), Lining(H, M, H), HO(L, M, H), Stepping(H), H*M(closing)

Special Touch 15

상완골 왼쪽 라인 부분 Humerus Left Side special touch

★ **special touch 시작 부위 : 상완골 아래에서 상완골 위 방향으로 touch!**
상완골 아래에서 상완골 위까지 half moon special touch 엄지손가락을 이용해서 세 단계 실행 → Lining special touch를 세 단계 실행 → Holding pressure special touch를 3단계 후 (안) + Stepping special touch (안,H) → Half moon special touch로 마무리

- **Half moon special touch를 할 때 한 엄지손가락!**
- **Holding pressure special touch를 할 때 안쪽으로 손 넣어서 실행**
H*M(L,M,H), Lining(H,M,H), HO(L,M,H), Stepping(H), H*M(closing)

▌그림▌ 귀쪽 마사지를 받고 있는 개

[출처] www.shutterstock.com/ko: www.shutterstock.com/ko:

Main Special Touch Technique 1_요약정리

Body part and name	Special touch application
1. Atlas Vertebrae	Lining(L,M,H) HO(L,M,H) Pin(M)
2. Urinary Bladder Meridian	Lining(L,M,H) – no come back, Com
3. Cervical Ligament	H*M(L,M,H), Lining(L,M,H), HO(L,M,H), Stepping(H), H*M(H)
4. Mandible	Lining(L,M,H), H*M(L,M,H) x 3times
5. Shoulder groove(Scapula)	Lining(L,M,H), HO(L,M,H), Warming
6. Trapezius	이완, Knocking(L,M,H), H*M(L,M,H), Serration(H) + Stepping(H), HO(L,M,H), H*M(H)
7. Scapula–Humerus	H*M(L,M,H), Lining(H,M,H), Pin(L,M,H), H*M(H)
8. Anterior Pectoralis	Knocking(L,M,H), Pin(L,M,H), Rub(L,M), HO(L,M,H), Knocking(H)
9. Orbit	Rolling(★L), 안와 아래 뼈(L), 안와 위 뼈(L), Rolling(★L)
10. Ear part	Lining(L,M,H)
11. Splenius	Lining(L,M,H)
12. Right Side Line	Pin(L,M,H)
13. Left Side Line	Pin(L,M,H)
14. Humerus Right Side	H*M(L,M,H), Lining(H,M,H), HO(L,M,H), Stepping(H), H*M(closing)
15. Humerus Left Side	H*M(L,M,H), Lining(H,M,H), HO(L,M,H), Stepping(H), H*M(closing)

06
Chapter

스페셜 터치 II

Method Main Special Touch Technique

I. 15가지 스페셜 터치 기본 마사지 방법 II

살아있는 모든 생명체에 대한 사랑은
인간의 가장 숭고한
본능이다.

–찰스 다윈
(생물진화론을 정하여 뜻을 세운 영국의 생물학자)

I 15가지 스페셜 터치 기본 마사지 방법 II

학습목표 instructional objectives

1. 15가지 스페셜 터치 방법에 대해 알수있다.

Main Special Touch Technique Special Touch 배우기

Special Touch 16

늑골 좌쪽 Rib special touch

★ special touch 시작 부위
Knocking special touch 3단계 실행 후 (밖) → Fanning 3단계 실행 후 (안) → Holding pressure special touch를 3단계 (안) → Knocking으로 마무리 (밖)

- fanning special touch 3단계 실행 시, 손을 접었다 – 폈다를 반복
- Knocking을 할 때는, 수직 방향으로 실행 (→)
  Knocking(L,M,H), Fanning(L,M,H), HO(L,M,H), Knocking (H)

Special Touch 17

요골-상완골 앞다리 Radius- Humerus special touch

★ special touch 시작 부위
요골부터 상완골 끝까지 앞다리 Lining special touch 실행 (L,M,H) → Half moon special touch를 단계별로 실행 → Pinching special touch를 단계별로 실행 → 쓰다듬고 마무리

- Lining special touch할 때 no come back!
  Lining (L,M,H), H*M(L,M,H), Pin(L,M,H), Warming

Special Touch 18

경추 – 흉추 – 요추 special touch, Longest Thoracic & Lumbar

★ **special touch 시작 부위**

경추에서 - 흉추 - 요추까지 special touch 실행 Knocking special touch 3단계 실행 후 → Relaxation special touch로 back → Spirals special touch 3단계 실행 후 → Serration special touch (H) + Holding pressure special touch를 3단계 → Communion special touch를 골반 뼈에서 두 손을 올려놓고 시작하고 → Knocking으로 마무리

- **Spirals special touch 3단계 실행 시, L 압력 시 큰 원, M 압력 시 중간 원, H 압력 시 작은 원**

  Knocking(L,M,H), Relaxation(M), Spirals (L,M,H), Serration (H) + HO(L,M,H), Com, Knocking (H)

Special Touch 19

늑골 special touch, Intercostal

★ **special touch 시작 부위 : 늑골 뼈 부위 위주로, special touch! (아래 – 위 방향)**

늑골 부위를 세부분으로 나눠 실행 → Lining special touch를 늑골 아래에서 위로 단계별 → 세게 가는 압력에서 Holding pressure special touch를 3단계 후 쓰다듬기로 마무리

- **늑골 부분을 세 부분으로 나눠서 실행**
- Lining(H,M,H), HO(L,M,H), Warming

Special Touch 20

뒷다리 골반 라인 Hip special touch

★ **special touch 시작 부위 : 골반 뼈 중심으로 , special touch!**

오른 손으로는 special touch를 왼손으로는 늑골 부분을 지탱! 손바닥 전체를 이용해서 Half Moon special touch를 단계별 실행(왼쪽–오른쪽) → 주먹을 쥐고 Knocking special touch 실행(왼쪽 – 오른쪽) → Half Moon special touch H 압력으로 마무리

- **Knocking special touch 실행 시 낮은 강도로**

  H*M(H,M,H), Knocking(L), H*M(H)

Special Touch 21

늑골 우측 부분 special touch – 뱃살 중심, External Abdominal Oblique

★ special touch 시작 부위
Knocking special touch 3단계 실행 후 (안) → Fanning 3단계 실행 후 (안) → Holding pressure special touch를 3단계 (안) → Knocking으로 마무리 (안)

● **Fanning special touch 3단계 실행 시, 손을 접었다 – 폈다를 반복**
Knocking(L,M,H), Fanning(L,M,H), HO(L,M,H), Knocking (H)

Special Touch 22

뒷다리 골반 오른쪽 라인 Hip Right Side Line special touch

★ special touch 시작 부위
장골부터 지골 끝까지 뒷다리 오른쪽 라인에 엄지와 검지를 이용해서 한 방향으로만 Pinching special touch 실행(L,M,H)

● **Pinching special touch할 때 no come back!**
Pinching (L,M,H)

Special Touch 23

꽁무니뼈 Caudal Vertebrae special touch

★ special touch 시작 부위
꽁무니뼈 base부터, 끝까지 세 단계로 누르기

● **반죽을 하듯이 쭉쭉 눌러주기!**
Pressing (L,M,H)

Special Touch 24

대퇴골 왼쪽 라인 Hip Left Side Line special touch

★ special touch 시작 부위
장골부터 지골 끝까지 뒷다리 왼쪽 라인에 엄지와 검지를 이용해서 한 방향으로만 Pinching special touch 실행(L,M,H)

● Pinching special touch할 때 no come back!
Pinching(L,M,H)

Special Touch 25

대퇴골 오른쪽 라인 Femur Right Special touch

★ special touch 시작 부위 : 대퇴골 아래에서 대퇴골 위 방향으로 touch!
대퇴골 아래에서 대퇴골 위까지 half moon special touch 엄지손가락을 이용해서 세 단계 실행 → Lining special touch를 세 단계 실행 → Holding pressure special touch를 3단계 후 (안) + Stepping special touch (안,H), Half moon special touch로 마무리

● Half moon special touch를 할 때 한 엄지손가락!

● Holding pressure special touch를 할 때 안쪽으로 손 넣어서 실행
H*M(L,M,H), Lining(H,M,H), HO(L,M,H), Stepping(H), H*M(closing)

Special Touch 26

대퇴골 왼쪽 라인 Femur Left Special touch

★ special touch 시작 부위 : 대퇴골 아래에서 대퇴골 위 방향으로 touch!
대퇴골 아래에서 대퇴골 위까지 half moon special touch 엄지손가락을 이용해서 세 단계 실행 → Lining special touch를 세 단계 실행 → Holding pressure special touch를 3단계 후 (안) + Stepping special touch (안,H), Half moon special touch로 마무리

● Half moon special touch를 할 때 한 엄지손가락!

● Holding pressure special touch를 할 때 안쪽으로 손 넣어서 실행
H*M(L,M,H), Lining(H,M,H), HO(L,M,H), Stepping(H), H*M(closing)

Special Touch 27

비골 – 대퇴골 뒷다리 Fibula – Femur special touch

★ special touch 시작 부위
비골에서 대퇴골 끝까지 뒷다리 Lining special touch 실행 (L,M,H) → Half moon special touch를 단계별로 실행 → Pinching special touch를 단계별로 실행 → 쓰다듬고 마무리

● Lining special touch할 때 no come back!
Lining (L,M,H), H*M(L,M,H), Pin(L,M,H), Warming

Special Touch 28

앞다리 발가락 Step One special touch

★ special touch 시작 부위
앞다리 발가락을 두 손을 이용해서 가볍게 주무르기 실행, 대략 20번 → 엄지와 검지를 이용해 Pinching special touch를 단계별로 실행 → 주무르기로 마무리

● 발가락 마디마디 주무르기!
Pressing (L), Pin(L,M,H), Pressing

Special Touch 29

뒷다리 발가락 Step Two special touch

★ special touch 시작 부위
뒷다리 발가락을 두 손을 이용해서 가볍게 주무르기 실행, 대략 20번 → 엄지와 검지를 이용해 Pinching special touch를 단계별로 실행 → 주무르기로 마무리

● 발가락 마디마디 주무르기!
Pressing (L), Pin(L,M,H), Pressing

Special Touch 30

All body special touch – One Side Closing Step

★ special touch 시작 부위
손을 비벼 따뜻한 체온이 있는 상태에서, 머리부터 발끝까지 손바닥으로 단계별로 훑고 지나가기

● Scanning (L,M,H)

Main Special Touch Technique 2(16~30) 요약정리

Body part and name	Special touch application
16. Rib	Knocking(L,M,H), Fanning(L,M,H), HO(L,M,H), Knocking (H)
17. Radius- Humerus	Lining (L,M,H), H*M(L,M,H), Pin(L,M,H), Warming
18. Longest Thoracic & Lumbar	Knocking(L,M,H), Relaxation(M), Spirals (L,M,H), Serration (H)+ HO(L,M,H), Com, Knocking (H)
19. Intercostal	Lining(H,M,H), HO(L,M,H), Warming
20. Hip	H*M(H,M,H), Knocking (L), H*M(H)
21. External Abdominal Oblique	Knocking(L,M,H), Fanning(L,M,H), HO(L,M,H), Knocking (H)
22. Hip Right Side Line	Pinching (L,M,H)
23. Caudal Vertebrae	Pressing (L,M,H)
24. Hip Left Side Line	Pinching (L,M,H)
25. Femur Right Special touch	H*M(L,M,H), Lining(H,M,H), HO(L,M,H), Stepping(H), H*M(closing)
26. Femur Left Special touch	H*M(L,M,H), Lining(H,M,H), HO(L,M,H), Stepping(H), H*M(closing)
27. Fibula- Femur	Lining (L,M,H), H*M(L,M,H), Pin(L,M,H), Warming
28. Step One	Pressing (L), Pin(L,M,H), Pressing
29. Step Two	Pressing (L), Pin(L,M,H), Pressing
30. One Side Closing Step	Scanning (L,M,H)

memo

07

Chapter

스페셜 터치를 위한 아로마 천연 제품

I. Special Touch를 위한 아로마 제품 만들기

개들은 사랑에 대해
거짓말을 하지 않는다.

– 제프리 무사예프 매슨

I Special Touch를 위한 아로마 제품 만들기

학습목표 instructional objectives

1. 아로마를 이용하여, 반려견을 위한 친환경적인 제품을 만들 수 있다.

아로마 제품 ① – 마음을 편안하게 해주는 massage oil (Relaxing Special Touch Oil Product)

(1) 준비물

- 30ml 기준
- 호호바 오일 18ml (전체 용량의 60%)
- 올리브 오일 12ml (전체 용량의 40%)
- 라벤더 essential oil 3방울
- 비이커
- 계량기
- 스푼 (젓는 도구)
- 스포이드 오일병

(2) 만들기

1. 호호바 오일 18ml를 저울에 계량
2. 올리브 오일 12ml를 저울에 계량
3. 호호바 오일과 올리브 오일을 스푼을 이용해 잘 섞기
4. 섞인 오일에 라벤더 essential oil을 3방울 넣고 스푼을 이용해 섞기
5. 알코올로 소독한 깨끗한 오일 병에 넣기

(3) 사용 방법

Relaxing special touch 오일을 손바닥에 100원 동전 크기 정도를 붓고, 양손으로 비빈 뒤, 반려견 몸 구석구석에 바른다.

(4) 사용 시 주의점

1. 반려견의 얼굴 쪽에 오일을 바르지 말 것. 후각이 예민한 반려동물의 코 근처에 오일을 바를 경우, 에센셜 오일에 대한 거부 반응이 있을 수 있음.
2. 반려견이 평소 불편해 하는 신체 부분에 오일을 충분히 발라줄 것.
3. 털이 많은 반려견에게 오일을 사용하는 경우라면, 오일이 피부 속까지 충분히 흡수될 수 있도록 오일을 바른 부분을 드라이기로 말려줄 것.
4. 반려견에게 오일을 먹이지 말 것.
5. 오일의 유통기한은 보통 여름 3~4개월, 겨울 5~6개월. 유통기한 내에 오일을 다 사용하는 것이 좋으며, 서늘한 곳에서 보관할 것.

▌그림▐ 꽃 향을 맡고 있는 반려견

[출처] www.shutterstock.com/ko: www.shutterstock.com/ko:

아로마 제품 ② - 귀 청소를 도와주는 귀 세정제 & 오일 (Special Touch Ear Care Product)

(1) 귀 세정 오일 준비물

- 10g 기준
- 카렌듈란 6g
- 포도씨유 4g
- 제라늄 essential oil 1방울
- 버가못 essential oil 1방울
- 비이커
- 계량기
- 스푼(젓는 도구)
- 귀 에센셜 오일 용기

(2) 귀 세정제 워터 준비물

- 55g 기준
- 정제수 48g
- 카렌듈란 1g
- 올리브 리퀴드 4g
- 나프리 1g (천연 한방 방부제)
- 라벤더 essential oil 1방울
- 팔마로사 essential oil 1방울
- 로먼 essential oil 1방울
- 비이커
- 계량기
- 스푼(젓는 도구)
- 귀 세정제 용기

(3) 만들기

1. 오일류에, 에센셜 오일을 넣기
2. 올리브리퀴드를 계량후 넣고, 정제수를 넣기 (워터류 만들 때)
3. 첨가물을 첨가
4. 소독 된 용기에 담기

*** 오일 선택 ***

라벤더(쿨링), 로먼(알러지), 버가못(곰팡이), 제라늄, 마조람, 팔마로사 중

(4) 사용 방법

1. 귀 세정제 (워터류)는 반려견을 목욕시킨 후 사용한다. 솜에 워터류를 충분히 묻혀 귓 속을 깨끗하게 닦아준다.
2. 귀 세정제 (오일류)는 반려견 목욕 전 사용한다.
   목욕 전 오일을 양쪽 귀에 1-2방울 넣어준뒤, 오일이 충분히 흡수될 수 있도록 귓 볼을 마사지해준다.

(5) 사용 시 주의점

1. 반려동물의 귀 상태에 따라, 에센셜 오일 선택
2. 올바른 귀 청소 반응에 대해 숙지한 후 이어 케어 제품을 사용
3. 오일의 유통기한은 보통 여름 3~4개월, 겨울 5~6개월. 유통기한 내에 오일을 다 사용하는 것이 좋으며, 서늘한 곳에서 보관할 것.
4. 반려견에게 오일을 먹이지 말 것.

아로마 제품 ③ – 천연 입욕제(Special Touch Bath Care Product)

(1) 준비물

- 200g 기준
- 중조 90g
- 구연산 50g
- 콘스타치 50g
- 트레할로스 6g
- 어성초 효소 3g
- 글리세린 2g (또는, 식물성 스쿠알렌 2g)
- 라벤더 essential oil 2방울
- 팔마로사 essential oil 2방울
- 로먼 essential oil 1방울
- 큰 볼
- 주걱 (젓는 도구)
- 계량기
- 입욕제 파우더용 비닐 용기

(2) 만들기

1. 중조 90g, 구연산 50g. 콘스타치 50g, 트레할로스 6g 계량
2. 어성초 효소 3g, 글리세린 2g (또는, 식물성 스쿠알렌 2g) 계량
3. 에센셜 오일을 넣고 잘 섞어 잘 섞기
4. 포장용 봉투에 넣기

(3) 사용 방법

천연 입욕제를 뜨거운 물에 풀어, 반려견을 15분 정도 입욕시킬 것

(4) 사용 시 주의점

1. 반려동물의 피부 상태에 따라, 에센셜 오일을 선택
2. 올바른 입욕방법에 대해 숙지한 후 입욕제를 사용
3. 서늘한 곳에서 보관할 것

아로마 제품 ④ – 청소 파우더 (Special Touch Cleaning Care)

(1) 준비물

- 30ml 기준
- 베이킹 소다 400g
- 구연산 100g
- 라벤더 essential oil 10방울
- 레몬 essential oil 20방울
- 그레이프 프룻 essential oil 20방울
- 큰 볼
- 주걱 (젓는 도구)
- 계량기
- 청소 파우더용 비닐 용기

(2) 만들기

1. 원재료(베이킹 소다 및 구연산)를 계량할 것
2. 에센셜 오일을 넣고 잘 섞기
3. 포장용 봉투에 넣은 뒤, 제품이 굳지 않도록 계속 만져주며 1~2일 정도 건조할 것

(3) 사용 방법

반려견의 쿠션, 옷, 장난감 등을 세척시 일반 세재를 대신해, 아로마 천연 청소 파우더를 이용해 세척한다.

(4) 사용 시 주의점

1. 탈취력과 세정력, 살균력 중 좀 더 비중을 두어야 하는 부분이 있는지 고려할 것
2. 에센셜 오일을 첨가시 2~3개정도의 오일을 블랜딩하여 사용 할 것
3. 굳는 걸 방지하기 위해, 옆으로 누워서 건조시킬 것
4. 서늘한 곳에서 보관할 것

아로마 제품 ⑤ - 스킨 스프레이(Special Touch Skin Care Product)

(1) 준비물

- 100ml 기준
- 정제수 50g
- 로즈플로랄 워터 40g
- 살구씨 오일 2g
- 올리브 리퀴드 4g
- 판테놀 1g
- 나프리 1g
- 라벤더 essential oil 3방울
- 일랑일랑 essential oil 1방울
- 비이커
- 계량기
- 스푼 (젓는 도구)
- 스프레이 용기

(2) 만들기

1. 깨끗하게 소독한 용기에 살구씨 오일 계량
2. 에센셜 오일 넣기
3. 올리브리퀴드를 넣기
4. 워터류 및 나프리를 넣고, 가볍게 저어주기
5. 알코올로 소독한 깨끗한 스프레이 용기에 넣기

(4) 사용 방법

스킨 스프레이 제품을 사용 전 충분히 흔들어 준뒤, 반려견의 집 및 평소 많은 시간 머무르는 장소에 뿌려준다.

(5) 사용 시 주의점

1. 반려견 눈을 향해 직접 분사하지 말 것.
2. 반려동물은 매일 목욕을 하지 않기 때문에 자극적이지 않고, 그루밍에도 문제가 없도록 제조할 것.
3. 털이 있는 반려동물에게 적용 시 무겁거나 털이 뭉치지 않도록 주의할 것.
4. 브러싱 스프레이, 문제 피부 관리 스프레이, 정서 불안 개선 등 목적을 정확히 세우고 제조할 것.
5. 스프레이의 유통기한은 보통 여름 3~4개월, 겨울 5~6개월. 유통기한 내에 스프레이를 다 사용하는 것이 좋으며, 서늘한 곳에서 보관할 것.

아로마 제품 ⑥ – 룸 스프레이(Special Touch Room Care Product)

(1) 준비물

- 150ml 기준
- 정제수 105ml
- 에탄올 45ml

- 로먼 essential oil 5 방울
- 라벤더 essential oil 10방울
- 비이커
- 계량기
- 스푼 (젓는 도구)
- 스프레이 용기

(2) 만들기

1. 식물성 에탄올을 계량
2. 에센셜 오일을 넣고 계량
3. 정제수를 넣고 잘 흔들어 주기
4. 알코올로 소독한 깨끗한 스프레이 용기에 넣기

(3) 사용 방법

룸 스프레이 제품을 사용 전 충분히 흔들어 준뒤, 반려견 피부에 고루게 분사해준다.

(4) 사용 시 주의점

1. 반려견 눈을 향해 직접 분사하지 말 것. 후각이 예민한 반려동물의 코 근처에 오일을 바를 경우, 에센셜 오일에 대한 거부 반응이 있을 수 있음.
2. 반려동물의 심리 상태에 따라, 에센셜 오일을 선택할 것.
3. 식물성 에탄올을 사용하는 것이 좋으며, 전체 비중의 10~30% 내외로 할 것.
4. 고양이를 함께 키우는 경우라면, 사용시 주의할 것.
5. 에탄올이 들어가 유통기한이 길긴 하나, 서늘한 곳에서 보관할 것.

저자약력 profile

저 자 | 홍 선 화

원광대학교 대학원 동물응용과학과 졸업/농학박사

現 한국동물매개심리치료학회 상임이사

現 서울호서전문학교 애완동물학과 교수

저 자 | 김 옥 진

서울대학교 대학원 수의학과 졸업/수의학박사

現 원광대학교 대학원 동물매개심리치료학과 주임교수

現 한국동물매개심리치료학회 회장

반려동물을 위한 스페셜 터치

인　　쇄 / 2018년 8월 27일
발　　행 / 2018년 8월 30일

판 권
소 유

•

저　　자 / 홍선화, 김옥진
펴 낸 이 / 정 창 희
펴 낸 곳 / 동일출판사
주　　소 / 서울시 강서구 곰달래로31길7 (2층)
전　　화 / (02) 2608-8250
팩　　스 / (02) 2608-8265
등록번호 / 제109-90-92166호

•

ISBN 978-89-381-1198-2-93520
값 / 12,000원